POLYGLOTT on tour

W0220294

Margarete Graf

Belgien

mit Luxemburg

Top 12

besonderer Tipp

Warnung

Info

Hinweis

Restaurant

Unterkunft

Nightlife

Shopping

Literatur

POLYGLOTT-Top 12 Umschlagklappe vorne

Allgemeines

Städtebeschreibungen

Die Hauptstadt des Landes mit ihren prächtigen Bauten und breiten Boulevards ist in stetem Wandel begriffen. Elegante Boutiquen, malerische Märkte und Schlemmerlokale bieten alles, was das Herz der Besucher begehrt.

Touren

Tour 2

Wege zu versteckten Schätzen

Seite 60

Die Rundfahrt durch die belgischen Ardennen führt in mittelalterliche Städtchen, zu Tropfsteinhöhlen und in den Urlaubsort Dinant.

Tour 3

Im Herzen des Landes

Seite 69

Alte Handelsstädte wie Lüttich und Mons, die Karnevalshochburg Binche, eine abwechslungsreiche Landschaft, technische Baudenkmäler.

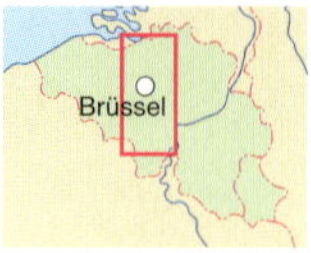

Tour 4

Spuren von Handel und Kriegen

Seite 83

Im Westen Belgiens liegen mit Kortrijk und Tournai die ältesten Städte des Landes. Idyllische Ortschaften säumen den Weg.

Tour 5

Viel Genuss auf wenig Raum

Seite 96

Die Hügellandschaft Luxemburgs lädt ein zum Besuch von Burgen, Schlössern und zu ausgedehnten Wanderungen.

Kaum ein Brüssel-Besucher verlässt die Stadt, ohne Manneken Pis gesehen zu haben

Bildnachweis

Alle Fotos APA Publications/Annabel Elston außer Archiv für Kunst und Geschichte, Berlin: 16-1; Bildagentur Huber/F. Damm: 67; Bildagentur Huber/Gräfenhain: 68; Bildagentur KLIEM: 41-1; Rainer Hackenberg: 14-2, 20, 22, 26, 32, 35, 53, 60, 61, 65, 71, 93-1, Umschlagrückseite (unten); Ingeborg Knigge: 2, 5, 14-1, 27, 29, 45-2, 46, 63, 72, 82, 84, 89, 92, 93-2, 94-2, Umschlagrückseite (oben); Jo Scholten: 21, 59-2; Martin Thomas: 6, 7, 8, 9, 10, 11, 24-1, 50-1, 54, 57, 59-1, 61-1, 78, 108; Titelbild: IFA-Bilderteam/Harris.

Champagner und Kirschen – belgische Braukunst

Malzig-süß, kräftig-bitter oder doch mal ein Glas dieser aromatisierten Sorten probieren? Jeder Getränkemarkt in Belgien ist ein Bier-Schlaraffenland, jede Straßenkneipe ein kleines Paradies. Wer die mehr als 500 Sorten durchprobieren möchte, müsste also Monate im Land verbringen. Wie jedes Bier bestehen auch die belgischen Klassiker aus Hopfen, Malz und Wasser. Höchst unterschiedlich sind jedoch die Feinrezepturen der Braumeister. Entscheidend für Farbe und Aroma ist das Malz, die Hefe steuert den Gärprozess, und der Hopfen ist sowohl für die Konservierung als auch für eine feste Blume ausschlaggebend.

Belgisches Bier im Web

- **www.beerparadise.be** Homepage der Konföderation der Brauereien Belgiens mit vielen Links.
- **www.belgianshop.com** Internethändler, u. a. für belgisches Bier.

Offener Brautag

Rund 30 Betriebe der Vereinigung der belgischen Brauereien präsentieren alljährlich im September auf der Grand Place in Brüssel ihre neuesten süffigen Kreationen.

- **Info: TIB,** Hôtel de Ville, Grand Place, 1000 Bruxelles, Tel. 02/513 89 40, Fax 513 83 20.

Abtei für Genießer

In den mittelalterlichen Sälen der Prämonstratenserabtei **Floreffe,** 17 km südwestlich von Namur, werden zu den unterschiedlichsten Bieren aus der Klosterbrauerei auch Käse, Pasteten und Forellen aus eigener Produktion serviert.

- **Abbaye Floreffe,** Ass. Royale des Anciens, 2, rue du Séminaire, 5150 Floreffe, Tel. 081/44 53 03.

Biermuseen und Schaubrauereien

Fast jedes Dorf besitzt seine eigene Mini-Brauerei. Und selbstverständlich endet jede Besichtigung mit einer Bierprobe in der hauseigenen Brasserie.

- **Dampfmaschinenbrauerei**, 1, rue du Maréchal, 7904 Pipaix en Hainaut, Tel. 069/66 20 47. Öffnungszeiten Mi–So 10–19 Uhr.
- **Brasserie des Bocqs**, 4, rue de la Brasserie, 5330 Purnode, Tel. 082/61 07 90, Führungen auf Anfrage.
- **Bières de Chimay**, 8, route Charlemangne, 6464 Bailleux-Chimay, Tel. 060/21 03 11, Führungen tgl. 10 und 14 Uhr.
- **Brasserie Caracole**, 86, Côte Marie-Thérèse, 5500 Falmignoul/Dinant, Tel. 082/74 40 80, Öffnungszeiten tgl. 10–23.30 Uhr.
- **Geuzemuseum Brauerei Cantillon**, 56, rue Gheude, 1070 Bruxelles, Tel. 02/521 49 28, Öffnungszeiten Mo–Fr 8.30–17, Sa 10–17 Uhr.
- **Brauereimuseum** im Zunfthaus der Bierbrauer, Grand Place, 1000 Bruxelles, Tel. 02/511 49 87, tgl. 10–17 Uhr.

Bei der Planung einer Hopfen-und-Malz-Tour hilft die Faltkarte **Les routes de la Bière Belge** von Belgien Tourismus (s. S. 100).

Geuze-Tour

Stadtspaziergänge zu Themen wie »Brüsseler Bier« oder »Wenn Kneipen erzählen« bietet das Zentrum für ökonomische und soziale Geschichte **La Fonderie** an. Zum Programm gehört z. B. ein warmes Essen in einem landestypischen Restaurant. Geboten werden Gerichte wie Kaninchen in Biersoße oder der berühmte Coq à la bière.

- **La Fonderie:** 27, rue Ransfort, 1080 Bruxelles, Tel. 02/410 99 50, E-Mail: lafonderie@freegates.be.

Bierlexikon

Abdijbier: Obergäriges, dunkles, kräftiges Abteibier mit mindestens 6 % Alkoholgehalt.
Bière des Ours: Mit Honig aromatisiertes »Bären-Bier« aus Binche.
Blanche: Junges, ungefiltertes Weizenbier, meist aromatisiert mit Koriander und Orangenschalen.
Lambic/Lambiek: Ein vergorenes Weizenbier aus der Brüsseler Region, das drei Jahre im Fass reift.
Geuze: Leichtes, süffiges Lambic, das im Champagnerverfahren (Flaschengärung) hergestellt wird.
Kriek: Ein Lambic-Bier, dem während der Reife Schaerbeeker Kirschen zugesetzt werden.
Pils: Bei niedrigen Temperaturen (5–9° C) vergorenes, helles Gerstenbier mit wenig Alkohol.
Saison: Leichtes, kurz gelagertes helles Bier mit Karamellgeschmack und maximal 6,5% Alkohol.
Trappistbier: Untergäriges, dunkles Spezialbier nach traditioneller Klosterrezeptur.

Stille Welt der frommen **Frauen**

Weltkulturerbe:
Folgende Beginenhöfe zählen zum UNESCO-Weltkulturerbe: Lier (S. 83), Mechelen (S. 80 f.), Turnhout (nördl. von Antwerpen an der N 12), Sint-Truiden (S. 58), Tongeren (S. 59), Dendermonde (S. 80), Gent (S. 47), Sint-Amandsberg in Gent (S. 47), Leuven (S. 71), Diest (S. 69), Brügge (S. 43) und Kortrijk (S. 86).

Ab dem Ende des 12. Jhs. entwickelte sich in den katholischen Regionen der Niederen Lande diese spezielle Form der Wohn- und Lebensgemeinschaften.
Drohte die Heirat mit einem ungeliebten Mann, reichte der Familienbesitz nicht für die Mitgift oder war der Ehemann schon früh verstorben, dann gab es für Frauen im Mittelalter nur eine Alternative: Kloster oder Beginenhof. Im Gegensatz zu den Nonnen legten die gläubigen und keusch lebenden Beginen jedoch kein Armutsgelübde ab, wählten ihre Grande Dame demokratisch und konnten jederzeit wieder austreten. So viel weibliche Selbstständigkeit war der katholischen Kirche ein Dorn im Auge, und so wurden diese Frauen oft als Ketzerinnen diffamiert. Heute gibt es nur noch wenige Beginen, die meisten Wohnhöfe wurden zu Altersheimen umfunktioniert. Einige wenige dieser Häuschen rund um einen Innenhof sind aufgrund ihres nostalgischen Flairs heiß begehrte Wohnadressen.

Stift von Lier

Ein ganzes Viertel mit malerischen Gassen und idyllischen Hausgärten umfasst das große Stift von Lier (S. 83). 150 Wohnungen liegen hinter dem schmucken Barockportal. Die Häuser tragen so fantasievolle Namen wie »Stall von Bethlehem« oder »Weinberg des Herrn«. Zauberhaft ist die Stimmung an einem spätsommerlichen Nachmittag, wenn die letzten Sonnenstrahlen die Fassaden in ein warmes Rotgelb tauchen und sich so manche Katze auf dem Fensterbrett räkelt.

Begijnhof, Zimmerplein, 2500 Lier.

1 Ten Wijngaarde – fürstlicher Hof in Brügge

Pappeln rauschen leise im Wind vor den weißen Häusern jenseits der Dijverbrücke. Vor den Sprossenfenstern drängen sich neugierige Besucher, um einen Blick auf die Benediktinerinnen zu werfen, die ihren täglichen Aufgaben nachgehen. Ora et labora – bete und arbeite –, die Ordensregel des hl. Benedikt, bestimmt seit 1930, nach dem Tod der letzten Begine, den Tagesablauf in Ten Wijngaarde (Zum Weingarten). Den berühmtesten Beginenhof Belgiens (S. 43) stiftete die flandrische Gräfin Johanna von Konstantinopel im 13. Jh. Die Bauten stammen aus dem 17. Jh.

Ten Wijngaarde: April–Sept. tgl. 10–12 und 13.45–17 Uhr.

Hof der Stille

Nicht immer verlief das Leben der frommen Frauen ohne Spannungen mit der Obrigkeit. In der Tuchmacherstadt Dendermonde (S. 80) ist verbürgt, dass einige Beginen im Hof der Stille ihrer Anlage mit so viel Enthusiasmus Schlagball spielten, dass diese sportliche Betätigung im 16. Jh. von Fürst Philipp dem Guten kurzerhand verboten wurde. Heute ist der etwas versteckt liegende **Beginenhof Alexius** ein Ort der Besinnung in der flandrischen Stadt.

Beginenhof Alexius, Brusselstraat, Dendermonde.

Bürgerinitiative Het Convent

Um den 1380 gegründeten Beginenhof von Hoogstraat (südlich von Breda an der A 1, Ausfahrt Leonhout) vor dem Verfall bzw. vor dem Abriss durch Bauspekulanten zu retten, griff die Bürgerinitiative Het Convent 1991 selbst zur Maurerkelle. Inzwischen haben die Bewohner ihre 37 Häuschen liebevoll restauriert und wurden dafür mit mehreren Denkmalschutzpreisen ausgezeichnet.

Handeln um jeden Preis

Im Land der angeblich hundert Flohmärkte besitzt der Handel mit Kitsch, Kunst und Gerümpel Kultstatus. Während der Kolonialzeit haben sich die belgischen Haushalte offensichtlich reichlich mit allerlei exotischem Hausrat und dekorativem Krimskrams aus aller Welt eingedeckt, der in Kellern und Speichern über die Jahre Patina ansetzte. Als während der ersten Wirtschaftskrise Anfang der 1980er Jahre das Geld knapp wurde, entrümpelten viele ihre Familiendepots und machten die verstaubten Erbstücke erstmals auf Straßenmärkten zu Geld. Seitdem gehört der wöchentliche Antik- und Flohmarkt in vielen Städten des Landes zum Straßenbild. Die Lust am Stöbern kennt keine Grenzen, auch wenn echte Schnäppchen nur noch selten zu finden sind.

Schon vor der Reise lohnt es sich, in dem prächtigen Bildband **Belgien – Menschen, Märkte, Milieu** von Siegfried Himmer und Rosine de Dijn aus dem Eupener Grenz-Echo Verlag zu blättern.

Auf Schnäppchenjagd

Markttag in Belgien bedeutet in erster Linie Spaß am Feilschen. Dabei ist es egal, ob es sich um Uromas Nähtischchen, Blechspielzeug mit Sammlerwert, die gebrauchte Küchenmaschine jüngeren Datums oder schlicht um frisches Obst und Gemüse handelt. Es ist die Lust am witzigen und wortgewandten Spiel des Bietens und Unterbietens.

Viktualienmärkte

Im Frühling werden alljährlich in Tourinnes St-Lambert kostenlos exotische Kürbissamen an die Hobbygärtner vor Ort mit dem Hintergedanken verteilt, dass diese sich dann möglichst zahlreich im September an den Wettbewerben um den schönsten Kürbis beteiligen. Immerhin kennt der Fachmann 460 Sorten, die nicht nur gut aussehen, sondern auch lecker schmecken, wie das kulinarische Rahmenprogramm beweist.

Flohmärkte

- **Tongeren:** Jeden Sonntag vom Morgengrauen bis 13 Uhr entlang der Stadtmauer.
- **Brüssel:** Tgl. 7–14 Uhr am Place du Jeu de Balle in den Marollen, am Wochenende überlaufen.
- **Antwerpen:** Samstag 9–17 Uhr Antiquitätenmarkt am Lijnwaadmarkt, Sonntag bis 13 Uhr Trödelmarkt in der Altstadt rund um das Theater.

2 **Brügge:** Jeweils am ersten Sonntag im Monat, 7–19 Uhr, **Zaandfesten** am 't Zand, Flanderns größter Floh- und Antikmarkt. Außerdem von Juli bis Sept. jedes Wochenende Flohmarkt am Dyver

- **Gent:** Jedes Wochenende von 7–13 Uhr am Sint-Jacobs- und Beverhoutplein.

Weihnachtsmärkte

Zuckerguss und Glitzerschnee, Feuerwerk und Rauschgoldengel halten in der Adventszeit natürlich auch in den belgischen Städten Einzug. Besonders aufwändig und malerisch gestaltet ist der Europäische Weihnachtsmarkt auf der Grand' Place in Brüssel. Zu den Attraktionen zählen auch die viel besuchte Budenidylle im Beginenhof von Lier und der Brügger Weihnachtsmarkt, der nicht nur mit Lametta und Glühweinständen, sondern auch mit einer Eislaufbahn die Besucher anlockt.

- **Kürbismarkt,** Anfang September in Tourinnes Saint-Lambert (rund 20 km nordwestlich von Namur an der A4/E 411). Info: Tel. 02/35 11 200.
- **Nussmarkt,** Anfang Dezember im Ardennenstädtchen Bastogne. Info: Tel. 061/24 09 61.
- **Schokoladenmarkt,** Anfang April in Durbuy. Info: Tel. 086/21 36 81.
- **Wallonischer Landmarkt,** Anfang Juni in Vieres-sur-Viroin. Info: Tel. 060/31 16 35.

Bücherdorf Redu

Das kleine Dorf Redu in den Ardennen ist alljährlich zweimal internationaler Treffpunkt für Bibliophile aus aller Welt. Über 200 Buchhändler und Verleger präsentieren dort ihr Angebot. Termine sind das Bücherfest Mitte April und die Nacht des Buchs am ersten Samstag im August.

- **Infos:** Tourismusbüro, 63, pl. de l'Esro, 6890 Redu, Tel. 061/65 65 16, www.redu.info

Unbekanntes Belgien?

Wer will schon nach Belgien fahren? In ein Land, das den Ruf hat, langweilig zu sein? Dutzende von Autobahnen durchziehen es, die nachts so hell beleuchtet sind, dass sie den Astronauten als Orientierungshilfe dienen.

Der immer wieder aufflammende Sprachenstreit, herausragende Radrennfahrer, knusprige Fritten und Comicfiguren wie Tim und Struppi – man weiß, das ist Belgien. Brüssel, Gent, Brügge, Antwerpen – das sind Kunststädte von Rang, aber sonst? Sonderbar unbekannt ist das Land im Herzen Europas, Sitz vieler wichtiger Institutionen der EU.

Lage

Belgien auf der Landkarte: Man findet es an der Kanalküste, eingerahmt von den Niederlanden, von Deutschland, Luxemburg und Frankreich. Es ist in etwa ein dreieckiger Fleck, der nur wenig mehr Platz beansprucht als das Bundesland Brandenburg. In der Bevölkerungsstatistik hingegen rangiert Belgien ganz oben – mit 331 Einwohnern pro Quadratkilometer gehört es zu den am dichtesten besiedelten Gegenden Europas.

Waldlandschaft der Ardennen

So klein das Land auch ist, so mannigfaltig sind die Landschaften, die es prägen: Im Südosten, geographisch dem Rheinischen Schiefergebirge zugehörig, erhebt sich das bewaldete Mittelgebirge der Ardennen mit Schluchten und Höhlen. Die Maas, einer der bedeutendsten Flüsse Europas, durchfließt es. Belgiens höchste Erhebungen liegen im Osten, nahe der deutschen Grenze, wo wasserundurchlässige Schieferböden eine weite Hochmoorfläche, das Hohe Venn, geschaffen haben. Auf den Anhöhen der Ardennen stehen festungsartige Gehöfte aus dunkelgrauem Stein, denen grüne oder rote Türstöcke und Fensterrahmen einen Hauch Fröhlichkeit verleihen.

Die Niederen Ardennen, durch die Landschaftsnamen Condroz, Famenne und Herveland markiert, schließen sich mit ihren hügeligen Hochflächen und den tief eingeschnittenen Flüssen Ourthe, Semois, Amblève und Lesse

Geheimtipp Europas?

Romantische Schluchten in den Ardennen, Dünenlandschaften an der Nordseeküste, idyllische Kanäle, an denen man so wunderbar entlangradeln kann, kleine Städtchen mit gemütlichen Marktplätzen und Restaurants mit unzähligen Köstlichkeiten – Belgien ist für manche Überraschung gut.

im Westen an – eine milde, fruchtbare Landschaft mit Feldern und Obstbaumplantagen. Nur im Südwesten, in der Borinage, hat man die Erde auf der Suche nach Steinkohle schon im vorletzten Jahrhundert aufgerissen.

Hügel, Felder und die See

Nach Norden zu breiten sich die ebenfalls hügeligen Landstriche Südbrabants und des Haspengaus aus, mit ihren schweren Lehmböden außerordentlich fruchtbare Gebiete.

Karger wird das Bild in der welligen Heidelandschaft des Kempenlandes an der Grenze zu den Niederlanden. Die Aufforstung und die Einrichtung von Bewässerungssystemen haben den Anbau einer breiteren Palette von Feld- und Ackerfrüchten, vor allem aber die Zucht von Schnittblumen möglich gemacht.

Nach Westen zu gehen die Hügel Mittelbelgiens über in das offene Tiefland Westflanderns mit weiten, von kleinen Entwässerungskanälen durchzogenen Wiesenflächen. Der 67 km lange Sandstrand mit bis zu 30 m hohen Dünen schließt das Land zur Nordsee hin ab.

Klima und Reisezeit

Was das Wetter betrifft, so hat Belgien keine Sensationen zu bieten: Seeklima mit mäßig heißen Sommern und milden Wintern. Schnee fällt höchstens in den Ardennen, die dann prächtige Langlaufmöglichkeiten bieten. Der Golfstrom sorgt dafür, dass an der Küste keine extremen Temperaturschwankungen zu erwarten sind, doch die vorherrschenden Westwinde bringen immer wieder Regenwolken mit sich. Als Reisezeit kann man daher, je nach Interessenschwerpunkt, fast das ganze Jahr empfehlen: Für Städtetouren bieten sich vor allem Frühjahr und Herbst an, wenn auch die meisten Kulturveranstaltungen stattfinden. Die Ardennen und die Küstenregion sind sowohl im Sommer als auch im Winter beliebte Ziele.

Natur

Von ursprünglicher Natur ist in der dicht besiedelten Kulturlandschaft Belgiens kaum mehr etwas erhalten.

Klima und Reisezeit

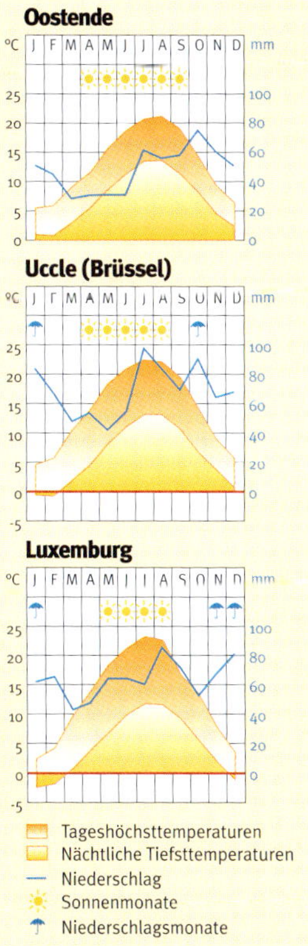

Eine Sprache, die jeder versteht...

Karneval in Brügge

Zu sehr haben die ausufernden Ballungsgebiete, die überall hervorschießenden Industrieansiedlungen und nicht zuletzt die intensive Landwirtschaft ihren Tribut gefordert. Nur an wenigen Stellen, streng geschützt und sorgfältig aufbereitet, ist noch ein letzter Rest »Natur« zu besichtigen, so etwa im Naturpark Hohes Venn, einem Hochmoor mit einzigartiger Vegetation, in der Kalmthoutse Heide im Kempenland, im Vogelschutzgebiet Het Zwin in den Dünen nahe Brügge oder in einigen Teilen der Ardennen, wo Wildschweine, Rehe und manchmal sogar ein kapitaler Hirsch durch die Wälder streifen. Doch auch so manche künstlich angelegte Landschaft hat ihren Reiz: Zum Beispiel die Forêt de Soignes südlich von Brüssel mit ihren Buchen- und Eichenwäldern.

Bevölkerung und Sprache

»Belgier«, lautet ein geflügeltes Wort, »gibt es gar nicht.« Die Bevölkerung von 10,2 Mio. zerfällt – das Wort ist bewusst gewählt – in rund 58 % Niederländisch sprechende Flamen und etwa 31 % Französisch sprechende Wallonen; dazu kommen die annähernd 66 000 deutschsprachigen Einwohner in den Ostkantonen.

Ein hoher Prozentsatz an Einwanderern (872 000 aus 114 Ländern) trägt zum Sprachengemisch bei. Doch der Sprachenstreit (S. 15) wird ausschließlich zwischen den Wallonen und Flamen ausgetragen.

Mehrere Verfassungsreformen haben seit den 1970er Jahren versucht, beiden Sprachgruppen mehr Eigenständigkeit einzuräumen. Am deutlichsten tritt das Sprachenproblem in der Region Brüssel zutage. In der Stadt spricht man Französisch, im Umland Flämisch. Doch mit jeder Familie, die umzieht, ändert sich das traditionelle Gefüge, und so bleibt es nicht aus, dass immer wieder aufs Neue handfeste Probleme den ganz normalen Alltag bestimmen: In welcher Sprache wird der Schulunterricht abgehalten? Die Gemeinderatssitzung? Welches ist die Amtssprache?

Ewige Hochzeit

Vorchristliche Wurzeln haben die bei Karnevalsumzügen häufig mitgeführten Riesenfiguren. Bis zu 3 m groß, marschieren sie an der Spitze vieler Paraden. Die berühmtesten Riesen sind wohl die aus Ath – es ist ein »Ehepaar«, das jedes Jahr aufs Neue Hochzeit feiert.

Brauchtum und Feste

In kaum einem anderen Land Europas wird so viel gefeiert wie in Belgien. Volksfeste, Jahrmärkte, Umzüge und Prozessionen überziehen von Ostern bis in den Herbst hinein das Land mit bunter Fröhlichkeit. An erster Stelle stehen in dem stark katholisch geprägten Land die religiösen Feste: Die prominentesten sind die Heilig-Blut-Prozession in Brügge, ein feierliches Spektakel mit Teilnehmern in historischen Kostümen, sowie der »Ommegang« in Brüssel, eine Mischung aus Prozession (Marienverehrung) und folkloristischem Umzug.

Auch den Karneval begeht man, und zwar so ausgelassen wie im Rheinland, vor allem in der Wallonie und in den Ostkantonen sowie in einigen Küstenstädten (s. S. 19).

Wirtschaft

Nach dem Niedergang der Kohlen- und der Stahlindustrie im wallonischen Condroz, der das Land in eine tiefe Krise stürzte, hat sich seit den 1960er Jahren ein umfassender Strukturwandel vollzogen. In Limburg und Ostflandern haben sich Betriebe angesiedelt, deren Schwerpunkt auf neuen Technologien liegt: Software, Elektronik, Biochemie. Antwerpen ist nicht nur eine der bedeutendsten Hafenstädte der Welt, sondern auch

Der Sprachenstreit

Der schwer lösbare Konflikt, der mehrere belgische Regierungen zu Fall brachte, reicht weit in die Geschichte des Landes zurück. Während der Blütezeit Flanderns und Brabants, die bis ins 16. Jh. andauerte, war das Niederländische die Sprache der wohlhabenden Kaufleute, der Handwerker und der Gebildeten.

Im Verlauf der Religionskriege flüchteten die meisten von ihnen, die dem Protestantismus anhingen, in die Niederlande oder nach Großbritannien. Die flandrischen Landstriche verwaisten, die zurückgebliebenen Bevölkerungsschichten verfielen nach und nach in ihre alten, regional gefärbten Dialekte. Lesen und Schreiben, einst eine Selbstverständlichkeit, war bald nur noch einer Minderheit geläufig. Mittlerweile waren die wallonischen Regionen vor allem durch die Kohlevorkommen wirtschaftlich zu Macht gelangt. Französisch wurde nun zur Herrschaftssprache, und auch die nationale belgische Revolution 1830 wurde von den Frankophonen getragen.

Erst durch Schriftsteller wie Guido Gezelle und Hendrik Conscience wurde das Bewusstsein der Flamen für ihre kulturelle Identität wieder geweckt. Sie vereinten die bäuerlich gefärbten Dialekte zu einer Schriftsprache, und langsam, gegen viele Widerstände, errang das Flämische den Rang einer gleichberechtigten Landessprache.

Seitdem die flämischen Landesteile die wallonischen auch wirtschaftlich überflügelten, haben sich die Machtverhältnisse nahezu umgekehrt.

das Zentrum der chemischen und Erdöl verarbeitenden Industrie. Daneben floriert die Diamantenindustrie als weiterer bedeutender Erwerbszweig. Vier Diamantenbörsen verhelfen Brüssel zum Ruhm eines Welthandelszentrums für die edlen Steine. Seit einigen Jahren sorgt zudem die Kreativität junger Modemacher für flippige Glanzpunkte im (Wirtschafts-) Leben der EU-Hauptstadt. Trotzdem das Land dicht besiedelt ist, spielt die Landwirtschaft eine erstaunlich wichtige Rolle: Zwar sind weniger als 3 % der Erwerbstätigen in diesem Sektor beschäftigt, doch ist der hochintensive, stark rationalisierte Gemüseanbau seit langem eine belgische Spezialität. Der größte Beitrag zum Bruttosozialprodukt – etwa 69 % – wird vom Dienstleistungssektor beigesteuert.

Staatsform

Belgien ist eine konstitutionelle Monarchie mit einem König an der Spitze. Seit 1993 hat Albert II. dieses Amt inne. Ein Zweikammernparlament regiert das Land. Im Parlament hat seit 2003 die so genannte »violette Koalition« unter Premierminister Guy Verhofstadt (VLD) das Sagen. Seit den Verfassungsreformen der 1980er Jahre, die wegen der zunehmenden Spannungen zwischen dem wallonischen und dem flämischen Teil notwendig wurden, hat sich das ursprünglich stark zentralistisch regierte Land in einen Bundesstaat gewandelt. Zug um Zug erhielten die »Räte« der drei Sprachgemeinschaften immer weitergehende Kompetenzen zugeteilt, z. B. in den Bereichen Kultur, Erziehungswesen oder Umweltschutz.

Die Autonomiebestrebungen in beiden Landesteilen werden meist von den immer stärker werdenden Ultrarechten verfolgt.

Belgien ist in neun Provinzen gegliedert: Antwerpen, Ostflandern, Westflandern und Limburg (flämischsprachig); Namur, Liège, Hainaut (Hennegau) und Luxembourg Belge (frankophon); Brabant (Hauptstadt: Brüssel) ist offiziell zweisprachig. Seit 1988 ist Belgien eine Föderation mit den Regionen Flandern, Wallonien und Brüssel-Stadt. Brabant besteht aus einem flämischen und einem wallonischen Teil.

Kaiser Karl V., gemalt von Peter Paul Rubens

Steckbrief

- **Fläche:** 30 528 km².
- **Einwohner:** 10,2 Mio.
- **Bevölkerungsdichte:** 331 Einw. pro km².
- **Höchste Erhebung:** Signal de Botrange (694 m).
- **Religion:** 77 % Katholiken; 305 000 Muslime; 50 000 Protestanten; 35 000 Juden.
- **Sprache:** 58 % Flämisch; 31 % Französisch; 0,7 % Deutsch.

Geschichte im Überblick

1. Jahrtausend v. Chr. Keltenstämme besiedeln Westeuropa.
57 v. Chr. Cäsars Soldaten unterwerfen die Gallier, darunter den Stamm der »Belgae«. Gründung der Provinz Gallia Belgica.
3.–5. Jh. Die Franken überschreiten den Rhein und besiedeln Gallien. Die Christianisierung beginnt.
721 Gründung des Bistums Lüttich.
843 Teilung des Frankenreiches. Die Schelde wird Grenzfluss zwischen Flandern und der Wallonie, die nun zu »Lotharingien« gehört.
11. Jh. Der Aufbau des Tuchhandels bringt Flandern einen gewaltigen wirtschaftlichen Aufschwung.
1302 In der »Schlacht der Goldenen Sporen« bei Kortrijk besiegen schlecht bewaffnete flämische Bauern, Handwerker und Bürger ein französisches Ritterheer.
1369 Margarethe, die Tochter des letzten Grafen von Flandern, heiratet Philipp den Kühnen von Burgund. Flandern wird burgundisch.
15. Jh. Die Herzöge von Burgund erobern und erwerben das ganze Gebiet des heutigen Belgien: wirtschaftlicher Aufschwung und kulturelle Blütezeit.
1425 Die Universität von Löwen (Leuven) entwickelt sich zum europäischen Zentrum für Rechtswissenschaft.
1477 Maria, die Tochter und Erbin des letzten Herzogs von Burgund, heiratet Maximilian von Österreich. Die »Niederen Lande« fallen an die Habsburger.
1541 Mercator zeichnet die erste Landkarte von Flandern.
1555 Karl V. muss nach seiner Niederlage gegen die protestantischen deutschen Fürsten zugunsten seines Sohnes, Philipp II. von Spanien, auf die »Niederen Lande« verzichten.
1566 Der spanische Herzog von Alba wird in die Niederlande geschickt. Als Vertreter der Inquisition errichtet er eine Schreckensherrschaft, die Tausende von protestantischen Bürgern zur Auswanderung zwingt.
1579 Die sieben nördlichen protestantischen Provinzen, die heutigen Niederlande, schließen sich in der Utrechter Union zusammen und erklären 1581 ihre Unabhängigkeit.
1648 Westfälischer Friede: Spanien erkennt die Unabhängigkeit der Nordprovinzen an. Belgien bleibt spanisch.
1667 Der französische König Louis XIV. erobert Teile Flanderns und des Hennegaus. Lille wird französisch.
1701–1713 Der Spanische Erbfolgekrieg macht Belgien zu einem Schlachtfeld. Im Frieden von Aachen werden Belgien und Luxemburg Österreich zugesprochen.
1795 Das revolutionäre Frankreich annektiert Belgien und Luxemburg, die bis zum Sturz Napoleons französisch bleiben.
1815 Schlacht von Waterloo, letzte Niederlage Napoleons. Eupen und Malmédy fallen an Preußen.
Die Niederlande und Belgien vereinigen sich unter Wilhelm I. von Oranien zum Königreich der Vereinigten Niederlande.
1830/31 Revolution in Brüssel; Unabhängigkeit Belgiens als neutrales Königreich unter Leopold von Sachsen-Coburg.

Geschichte im Überblick

1839 Unabhängigkeit Luxemburgs.
1881 König Leopold II. erwirbt den Kongo als persönlichen Besitz und macht Belgien zur Kolonialmacht.
1914–1918 Deutsche Truppen marschieren in Belgien und Luxemburg ein.
1940–1944 Im Zweiten Weltkrieg marschieren erneut deutsche Truppen in Belgien ein. Bei Ausbruch des Krieges flüchtet die Regierung nach England, König Leopold III. wird nach Deutschland deportiert. 1944 wird Belgien von den Alliierten befreit.
1948 Zoll- und Wirtschaftsunion der Beneluxstaaten.
1957 Beitritt zur Europäischen Wirtschaftsgemeinschaft.
1971 und **1980** Durch Verfassungsreformen soll beiden Sprachgruppen mehr Autonomie in Wirtschaft und Kultur gesichert werden.
1993 Am 9. August wird König Albert II. als der Nachfolger seines verstorbenen Bruders Baudouin I. vereidigt.
1996 Justiz- und Umweltskandale erschüttern das Land.
2001 Kronprinz Philippe und seine Frau Mathilde sichern mit der Geburt ihres ersten Kindes den Fortbestand der belgischen Dynastie.
2003 Nach der Parlamentswahl stellen die regierenden Liberalen mit Guy Verhofstadt erneut den Premierminister.
2004 Nach jahrelangem Prozess wird der Kinderschänder Marc Dutroux verurteilt.

Kultur gestern und heute

Künstler und Kunsthandwerker fanden auf dem Gebiet des heutigen Belgien in den meisten Epochen günstige Bedingungen vor. Bedeutende Klöster und mächtige Kirchenfürsten gaben im Mittelalter Kunstwerke von hohem Rang in Auftrag. Ihrem Beispiel folgten die meist durch den Handel reich gewordenen Städte. Aber auch einzelne Ratsherren, Zunft- und Gildemeister sowie wohlhabende Kaufleute drängte es zur repräsentativen (Selbst-)Darstellung mittels prachtvoller Bauwerke und teurer Gemälde.

Bereits um das Jahr 1000 wurden in und um Lüttich, dem ersten Bistum des Landes, Kunstwerke von hoher Qualität geschaffen. Unter anderem sind Buchdeckel aus Silber und Elfenbein sowie Buchmalereien aus dieser Zeit erhalten. Eine Glanzleistung dieser Epoche ist das mit vielen ausdrucksvollen, fast vollplastischen Figuren geschmückte Taufbecken der Kirche St. Barthélémy in Lüttich, das 1115 von Renier de Huy gegossen wurde.

Großartige Baukunst

Ein herausragendes Bauwerk der romanischen Epoche ist die fünftürmige Kathedrale von Tournai mit ihrem horizontal gegliederten Langhaus. Ihr Grundstein wurde 1141 gelegt.

Zur gleichen Zeit entstanden Kirchen in einem völlig neuen Baustil, der Gotik: Elegant in die Höhe wachsende Bündelpfeiler sind ihre tragenden Elemente. Dank ausgeklügeltem Strebewerk wurde es möglich, große Fenster in die Wände zu brechen und die nun lichten Räume in magisches, farbiges Licht zu tauchen. Vor allem der in Flandern hervorgebrachte Flamboyantstil war wie geschaffen für prächtige Repräsentationsbauten. Die Rathäuser in Leuven und Oudenaarde sind die berühmtesten Beispiele dafür, aber auch die Markthallen der Tucher und Fleischer wuchsen im neuen Stil empor. Sie erinnern in ihren eleganten Formen mit dem überreichen, zierlichen Schmuck an die filigranen Produkte der Silber- und Goldschmiedekunst, die ebenfalls in dieser Epoche zur Blüte kam. Nicolas de Verdun und Hugo d'Oignies (s. Abschnitt Namur, S. 56) waren die berühmtesten Goldschmiede ihrer Zeit.

Bildkunst im Spätmittelalter

Im 15. Jh. entstanden auch die großartigen Tafelbilder von Rogier van der Weyden, der Gebrüder Jan und Hubert van Eyck (Genter Altar) und Hans Memlings. Sie bestechen durch ein neues Verhältnis zur Realität, die sie detailliert wiedergeben, auch wenn sie das christliche Heilsgeschehen darstellen. Der für christliche Motive traditionell verwendete Goldgrund wird zugunsten minutiöser Landschaftsdarstellungen aufgebrochen. Die Abbildungen von Gesichtern werden ausdrucksstärker und zielen auf den Charakter des Modells.

Die wohlhabenden Städte stellen nun – in Analogie zu den Königs- und Fürstenhäusern – eigene Stadtmaler an, die zu festgelegten Bedingungen für sie arbeiten. Der Norden ist maßgeblich an der Ausbildung des Porträts als neuer Bildgattung beteiligt.

Neben der Malerei entwickelt sich in Oudenaarde, Brüssel und Tournai die Bildweberei, begünstigt durch die Großaufträge der Herzöge von Burgund. Messingarbeiten aus Dinant, »Dinanderien«, sind als Leuchter, Taufbecken und Lesepulte im ganzen Land sehr begehrt.

Feste & Veranstaltungen

- **Karneval:** Ausgelassene Feiern mit Umzügen u. a. in Stavelot, Binche, Aalst, Eupen und Malmédy.
- **Ostern:** Am Karfreitag großer **Blumenmarkt** in Tournai.
- **Mai:** Letztes Wochenende: **Jazz-Rallye** in Brüssel. Himmelfahrtstag: **Heilig-Blut-Prozession** in Brügge, **Hanswijck-Prozession** in Mechelen.
- **Juni:** Am zweiten Sonntag Umzug mit 15 Riesenfiguren inklusive Blumenkorso und **Festival der Militärmusik** in Tournai.
- **Juli:** Erster Donnerstag **»Ommegang«** in Brüssel auf der Grand' Place; **Festival Francofolies** in Spa für zeitgenössische Musik aus dem französischen Sprachraum; letzter Sonntag: **Bußprozession** in Veurne.
- **August:** **Sandskulpturenfest** von Zeebrügge; letzter Sonntag: **Riesen-Hochzeit** in Ath; Riesen-Umzug in Dendermonde sowie **Bogenschützentreffen** am Grote Markt in Oudenaarde. Alle zwei Jahre am 15.: **Blumenteppich** in Brüssel.
- **September:** Erstes Wochenende: **Pestprozession** in Tournai, **Internationales Jagdfest** in St-Hubert; erster Sonntag: **»Monumentendag«** (Tag der offenen Tür) in ganz Belgien.

Renaissance – Barock

Im 16. Jh. überflügelte Antwerpen als Umschlagplatz die Welthandelsstadt Brügge. In den gebildeten Schichten verbreitete sich das Ideengut des Humanismus – u. a. durch die Bücher des Antwerpener Druckhauses Plantin.

In Antwerpen entstand mit dem Rathaus auch das erste Gebäude im Stil der flämischen Renaissance, die die Formensprache der Antike aufgriff: Giebel und Säulen, Obelisken und Kartuschen gliederten die Fassaden der Repräsentationsbauten. Der größte Maler jener Zeit war Pieter Brueghel d. Ä. (ca. 1525–1569).

Das 16. Jh. war aber auch eine Epoche des Umbruchs. Protestantischer Bildersturm, Unabhängigkeitskriege und französische Besetzung hinterließen geplünderte Kirchen, die im 17. Jh. im Stil des Barock renoviert wurden: Neue Altäre, Kanzeln und repräsentative Grabmäler entstanden. Der Marktplatz von Brüssel ist ein großartiges Beispiel barocken Städtebaus. Peter Paul Rubens (1577–1640) richtete in Antwerpen sein Atelier ein und befruchtete mit seinem Lebenswerk die europäische Kunst (s. S. 37).

Die Büste des Schriftstellers Georges Simenon steht in Lüttich

Historismus – 20. Jh.

Nach einer Epoche des wirtschaftlichen und künstlerischen Niedergangs verlangte erst Ende des 19. Jhs. der neu geschaffene belgische Staat wieder nach repräsentativen Prachtbauten. Der Historismus mit seiner Synthese aus Versatzstücken früherer Stile – exemplarisch am monströsen Brüsseler Justizpalast zu studieren – kam diesem Bedürfnis entgegen. Zugleich entstanden, vor allem in der Hauptstadt, elegante, kapriziöse Jugendstilbauten, deren Architekten Henry van de Velde und Victor Horta diesem Stil bis ins letzte Detail der Einrichtung treu blieben.

In der Malerei des 20. Jhs. feierte der Surrealismus von René Magritte und Paul Delvaux Triumphe; einzigartig sind die Werke von James Ensor. In der Literatur sind große Persönlichkeiten vertreten: Maurice Maeterlinck (Literaturnobelpreis 1911), Georges Simenon und Marguerite Yourcenar sind die anerkanntesten unter den Schriftstellern. Jacques Brel mit seinen Chansons sei stellvertretend für die Musikszene des 20. Jhs. genannt.

Comics im Original

Gezeichnete Abenteurer wie Tim & Struppi von Hergé oder Lucky Luke und die Daltons von Morris haben im Brüsseler Warenhaus Maison Waucquez, Zandstraat 20, ein überaus nobles Logis gefunden. Das größte **Comic-Museum** der Welt zeigt in dem von Victor Horta geplanten Bau Originalentwürfe und Raritäten sowie ein Studio für Zeichentrickfilme (Di–So 10–18 Uhr).

Essen und Trinken

Die belgische Küche ist eine gelungene Mischung aus der aufwändigen, gehaltvollen großbürgerlichen Küche der wohlhabenden Kaufleute Flanderns und Brabants sowie dem Raffinement der französischen Kochkunst.

Derzeit darf sich die belgische Gastronomie mit zwei Drei-Sterne-Restaurants schmücken: dem **Comme chez soi** in Brüssel sowie dem **De Karmeliet** in Brügge. Zwölf weitere Häuser in Belgien und eines in Luxemburg sind nach dem Urteil des Guide Michelin zwei Sterne und damit dem Gourmet einen delikaten Umweg wert.

In Belgien, dem Land der Biere, werden 400 verschiedene Marken angeboten

Einen interessanten Wegweiser zum Thema **Gaumenfreuden und Tafelkunst in Belgien** hat das belgische Fremdenverkehrsamt zusammengestellt (Adresse s. S. 100).

Erfreulicherweise sind die regionalen Spezialitäten bis heute nicht untergegangen, sondern werden nach wie vor mit Sorgfalt gepflegt. Schinken aus den Ardennen, kräftige Gemüsesuppen, frische Muscheln und Krabben können der viel versprechende Auftakt zu einem opulenten Mahl sein.

Zum Hauptgang serviert man gern Fisch oder Meeresfrüchte, in der Saison häufig Muscheln in köstlichem Gemüsesud. Kaninchen mit Pflaumen in Senfsoße oder »Flämische Karbonade« (eine Art Rinderschmorbraten) sind ebenfalls nicht zu verachten. Im März sind Hopfensprossen eine Delikatesse. Kenner halten sie für noch köstlicher als den Spargel von Mecheln. In den Ardennen und in Luxemburg stehen häufig Forelle oder Wild auf der Speisekarte. Die bekannteste Spezialität des Landes sind jedoch die »Frietes«. Fast an jeder Straßenecke brutzelt so eine »Frituur« vor sich hin. Neben Pommes frites werden dort auch Schaschliks, Kroketten und Fleischbällchen verkauft. In Mittelklasserestaurants bekommt man ganz selbstverständlich zu Aal in grüner Soße eine Schale »Frietes« hingestellt. Übrigens erfanden hungrige Maasfischer eher zufällig das belgische Nationalgericht, als sie mangels kleiner Fische in Fischform geschnitzte Kartoffeln ins heiße Fett legten.

Die besten Fritten bekommt man angeblich in Malmédy (s. S. 52), serviert mit einem Dutzend Soßen. Bevor der Ruf der belgischen Küche geschmälert wird, sei klargestellt: Pommes frites sind hier meist trocken, knusprig und stets frisch.

Wer Süßes mag, kann in Belgien darin schwelgen. Fast jede Stadt hat ihre eigenen Spezialitäten: *Baisers de Malmédy* (Sahnebaisers), *Couques* (aromatisiertes Brot in Brüssel, hartes Gewürzbrot in Dinant), *Kletskoppen* (Krokantplätzchen aus Brügge), *Lierse Vlaaikens* (Torte aus Frischkäse und

Belgien überrascht seine Gäste mit vielen gemütlichen Lokalen

Mandeln aus Geraardsbergen) oder *Noeuds* (Karamellbiskuits aus Brügge). Ein Exportschlager sind die Brüsseler Pralinen. Seit über 200 Jahren verwöhnen die Chocolatiers ihre Kunden mit immer neuen, exquisit präsentierten Geschmacksvarianten.

Überreich ist auch das Angebot von mehr als 500 Biersorten (s. S. 6/7). wobei ähnliche Geschmacks- und Qualitätsunterschiede gelten wie anderswo beim Wein.

Spezialitäten

- **Doubles:** zwei mit Käse aus Herve oder Maredsous gefüllte Crêpes (Binche).
- **Hochepot:** Innereien vom Schwein mit Speck und Gemüse (Gent).
- **Potjesvlees:** kaltes Fleisch von Kalb, Kaninchen oder Huhn (Veurne).
- **Tarte al djote:** heißer Käsekuchen mit Eiern und Sahne (Nivelles).
- **Waterzooi:** dicke Suppe mit Huhn oder Fisch und Kräutern (Gent, Brügge).
- **Angouille au vert:** Aal in grüner Sauce mit vielen Kräutern.

Urlaub aktiv

Bootsfahrten

Angenehme Abwechslung bietet eine Bootsfahrt auf der Maas von Dinant nach Namur oder eine Kanalfahrt auf dem Kanal Brüssel-Charleroi von Halle zur »Schiefen Ebene von Ronquières« (s. S. 77).

i **Bateaux Touristes de la Meuse,** 64, rue Daoust, 5500 Dinant, Tel. 0 82/22 23 15, Fax 22 53 22.

- **Bateaux Bayard,** 1, quai de Meuse, 5550 Dinant, Tel. 0 82/22 30 42, www.dinant-tourisme.be
- **Bateaux Ansiaux,** 15, rue du Velodrome, 5550 Anseremme, Tel. 0 82/21 35 35, www.ansiaux.be

Freizeitparks

Kleinere Freizeitparks finden sich beinahe in allen bekannteren Urlaubsgebieten. Die größeren Parks sind: **Bruparc** mit Mini-Europe in Brüssel, **Bobbejaanland** bei Herentals, **Six Flags Belgium** in Wavre sowie der Safaripark **Deigné-Aywaille.**

Kajak fahren

Für Einsteiger sind Touren mit Paddelbooten oder Kajaks auf den Ardennenflüssen Ourthe und Lesse ein spannendes und abwechslungsreiches Erlebnis. Obwohl es teilweise über kleine Stromschnellen geht, die verlässlich dafür sorgen, dass man pitschnass wird, ist der Spaß ungefährlich. Die Boote kann man in vielen Ardennenstädten mieten; für den Rücktransport sorgen gegen einen Aufpreis die Verleihfirmen.

Surfer kommen an der Küste voll auf ihre Kosten

Rad fahren

Eine Vielzahl gut ausgebauter, beschilderter Radwege durchzieht das Land, unterschiedliche Streckenlängen und Schwierigkeitsgrade stehen zur Verfügung. In vielen Orten gibt es Leihräder. Für längere Touren im meist flachen Gelände empfiehlt es sich, das eigene Rad mitzunehmen.

Speziell für Mountainbiker wurden an die 75 Tagestouren ausgearbeitet, gekennzeichnet mit den internationalen blauen Markierungen.

i **Belgisches Verkehrsamt,** Adresse s. S. 100.

Schwimmen

Der etwa 67 km lange Nordseestrand ist ein Badeparadies für alle, die auch einmal mit niedrigeren Wassertemperaturen vorlieb nehmen. Der Sandstrand ist bis zu 100 m breit, an vielen Stellen schirmt ein breiter Dünengürtel den Strand vom Festland ab.

Das Rad für gemütliche Touren

Skilanglauf

Die Ardennen sind das Langlaufdorado der Belgier. Ca. 600 km gespurte Loipen gibt es u. a. im Hohen Venn, v.a. um Bütgenbach und Malmédy, bei Spa und Francorchamps, um Baraque de Fraiture, Bastogne und St.-Hubert.

i **Fremdenverkehrsamt der Ostkantone,** Mühlenbachstr. 2, 4780 St. Vith, Tel. 0 80/22 76 64, www.eastbelgium.com

Wandern

Ein hervorragendes Wandergebiet sind die Ardennen, die von einem dichten Wegenetz durchzogen sind. Wanderführer und Tourenkarten stellen die meisten Verkehrsämter zur Verfügung.

Auch im Hohen Venn, nahe der deutschen Grenze, kann man schöne Wanderungen unternehmen. Allerdings ist zu beachten, dass ein großer Teil des Naturschutzgebiets nicht mehr betreten werden darf; andere Gebiete sind nur mit autorisierten Führern zugänglich.

i **Naturparkzentrum Botrange,** 4950 Robertville, Tel. 0 80/44 03 00.

Unterkunft

Hotels

Im Allgemeinen muss man für die Unterkunft in Luxemburg und Belgien mit ähnlichen Kosten wie in Deutschland rechnen. Sowohl der flämische als auch der wallonische Tourismusverband geben jedes Jahr ein Hotelverzeichnis mit Preisangaben und Kategorien heraus, das beim Belgischen Verkehrsamt erhältlich ist.

Urlaub auf den Bauernhof

Gemütliche Quartiere auf dem Land vermitteln folgende Organisationen:

- **Utra-Upa Tourisme Rural,** 47, Chaussé de Namur, 5030 Gembloux, Tel. 0 81/60 00 00.
- **Gites de Wallonie,** 1, av. Prince de Liège, 5100 Namur, Tel. 0 81/31 18 00, www.gitesdewallonie.net

Logis de Belgique

Die Unterkünfte dieser Marke sind ideal für Familien und Wanderer. Die Vereinigung Logis de Belgique (www.logis.be) legt Wert auf die individuelle Note jedes Hauses. Allen gemeinsam ist der hohe Qualitätsanspruch. Die Farbbroschüre kann man beim Verkehrsamt (S. 100) bestellen.

Camping

Belgien und Luxemburg sind Paradiese für Campingfreunde. Besonders dicht ist das Netz der Campingplätze an der Nordseeküste und in den Ardennen. Ein Verzeichnis gibt es beim Belgischen Verkehrsamt (s. S. 100).

Foyer des Hotels Métropole

Jugendherbergen

Auskünfte erteilen:

- **Vlaamse Jeugdherbergcentrale,** Van Stralenstraat 40, 2060 Antwerpen, Tel. 03/2 32 72 18, Fax 2 31 81 26, www.vjh.be
- **Les Auberges de Jeunesse,** Rue Van Oost 52, 1030 Bruxelles, Tel. 02/2 15 31 00, Fax 2 42 83 56.

Ideal für Kurzbesuche

Preiswerte Arrangements von Stadthotels und Landquartieren sind in Broschüren der Tourismusregionen zusammengefasst. Informationen und Buchung: **Belgium Tourist Reservations,** bvld. Anspachlaan 111, 1000 Bruxelles, Tel. 02/513 74 84, btr@horeca.be. Telefon in Deutschland: 0 18 05/5 00 17 07, Fax 5 00 17 12.

Reisewege

Mit dem Flugzeug

Der Flughafen Brüssel-Zaventem liegt 15 km nordöstlich des Zentrums und wird von allen Großstädten Deutschlands, Österreichs und der Schweiz angeflogen. Zwischen Zaventem und dem Air-Terminal im Zentrum verkehrt im 20-Minuten-Takt ein Zug. Von den drei Bahnhöfen fährt stündlich ein Bus zum Flughafen. Zusätzlich gibt es Busverbindungen nach Antwerpen (50 Min.) und nach Lüttich (90 Min.).

Der Flughafen Findel (Luxemburg) – 5 km vom Zentrum (Zubringerbusse) – wird mehrmals täglich von Frankfurt/M. und Zürich angeflogen.

Mit der Bahn

Die besten Verbindungen bestehen auf den Strecken Köln–Brüssel–Paris bzw. Köln–Brüssel–Oostende und Berlin–Oostende. Luxemburg ist über die Moselstrecke Koblenz–Trier–Luxemburg–Brüssel bzw. Aachen–Lüttich–Metz–Nancy an das europäische Schienennetz angeschlossen.

Der **DB NachtZug** fährt täglich von Berlin, aus Niedersachsen, Hamburg, Bremen, Osnabrück und Bielefeld nach Brüssel. Information und Buchung über das Nachtzug Servicetelefon der Deutschen Bahn unter 0 18 05/14 15 14 und unter www.nachtzugreise.de.

Mit dem Auto

Führerschein und Zulassung sind bei der Einreise mit dem Auto für beide Länder ausreichend. Das Nationalitätskennzeichen muss am Heck des Wagens angebracht sein. Die Mitnahme der grünen Versicherungskarte empfiehlt sich. Von Deutschland aus ist Belgien auf folgenden Routen zu erreichen:

- von Norden über die E 34 Venlo–Eindhoven–Antwerpen;
- von Osten über die E 40 Köln–Aachen–Lüttich–Brüssel–Oostende;
- von Südosten über die E 42 Trier–Malmédy oder über die E 411 Luxemburg–Namur–Brüssel.

Die Belgier sind eher bedächtige Autofahrer, doch in den verwinkelten Innenstädten mit ihrer unübersichtlichen Verkehrsführung verlieren manche ebenso schnell die Nerven wie ortsfremde Urlauber. In den Städten kann man getrost aufs Auto verzichten.

Pannendienst

Besitzer eines Auslands- oder Euroschutzbriefes können rund um die Uhr telefonisch kostenlose Pannenhilfe von der nächsten Zentrale des belgischen Automobilklubs (TCB) anfordern, Notfalltelefon: 0 70/34 47 77.

Touringclub Royal de Belgique (TCB), 44, rue de la Loi, B-1040 Brüssel, Tel. 02/2 33 22 22, www.touring.be.

- Antwerpen: Tel. 03/3 53 88 88;
- Brügge: Tel. 0 50/81 17 17;
- Lüttich: Tel. 0 41/9 68 79 91.

Verkehrsregeln

- Höchstgeschwindigkeit: auf Autobahnen und Schnellstraßen 120 km/h (auch für Anhänger, falls entsprechend zugelassen), auf Landstraßen 90 km/h, in Ortschaften 50 km/h.
- Promillegrenze: 0,5
- Gelbe Linie am Bordstein bedeutet Parkverbot.

Karte Seite 28

***Brüssel

Der barocke Schmaus

Brüssel (frz. *Bruxelles,* fläm. *Brussel;* 1 Mio. Einw.) war jahrhundertelang die Hauptstadt des reichen Brabant und wurde nach der Gründung des belgischen Staates Metropole und Residenzstadt des neuen Königreichs. Wohlhabende Tuchhändler, Kaufleute und Handwerker haben das Stadtzentrum geprägt. Der Große Marktplatz (Grand' Place) ist eine barocke Hymne an die Tatkraft der bürgerlichen Zünfte und Gilden, die in den klassizistischen Gebäuden rund um das königliche Schloss einen gründerzeitlichen Nachhall fand. Zum Ende des 20. Jhs. verfiel die Stadt erneut einem Bauboom: Die Mammutverwaltungen von NATO und EU legten einen Ring aus Hochhäusern rund um Brüssel und machten aus der einstigen Kaufmannsstadt die Verwaltungsmetropole Europas. Um einen ersten Eindruck von der lebendigen Stadt zu bekommen, reicht ein Wochenende gerade aus.

Giebel an einer Fassade der Grand' Place

Geschichte

Bruocsella, die »Siedlung in den Sümpfen«, wird urkundlich erstmals 966 erwähnt, obwohl der Ort bereits in der Jungsteinzeit sowie unter den Römern und den Franken besiedelt war. An der bedeutenden Handelsstraße Brügge–Köln gelegen, gewann die Siedlung als Warenumschlagplatz schnell an Bedeutung. 1401 wurde das erste Rathaus an der Grand' Place gebaut. Doch erst 1531, als Karl V. Brüssel zur Hauptstadt der spanischen »Niederen Lande« machte und der Kanal von Willebroeck die Verbindung mit dem Seehafen Antwerpen herstellte, entwickelte Brüssel ein eigenständiges Profil unter den reichen flandrischen Städten. Künstler und Gelehrte machten hier Station, Aufstände gegen die spanische Herrschaft nahmen hier ihren Ausgang. 1695 schoss die Armee Louis' XIV. von Frankreich bei ihren Eroberungsversuchen fast die gesamte Unterstadt in Schutt und Asche. Sowohl unter spanischer als auch unter österreichischer und französischer Herrschaft blieb Brüssel zwar Hauptstadt, zu wirtschaftlichem Wachstum kam es aber erst nach der Revolution von 1830/31. Für das neue, unabhängige Königreich errichtete man repräsentative Bauten und restaurierte die Grand' Place. Die Weltausstellung von 1958 verhalf Brüssel zu ungeteilter Aufmerksamkeit. Im Jahr darauf richteten hier die EWG, heute EU, und die EURATOM ihren Sitz ein, später auch die NATO.

Als Kunststadt von Weltrang und als Dienstleistungszentrum Nummer eins hat Brüssel auch zu Beginn des 21. Jhs. nichts von seiner Anziehungskraft eingebüßt.

Karte Seite 28

Alle zwei Jahre, das nächste Mal 2006, wird die Grand' Place mit Blumen bedeckt

Historisches Zentrum

3 ***Grand' Place (Marktplatz) ❶

Einer der schönsten Plätze der Welt, der als UNESCO-Weltkulturerbe ausgezeichnet ist, bildet das prächtige Herz der Stadt. Hier stand schon im 13. Jh. eine Tuchhalle, Marktstände wurden aufgeschlagen, Feste gefeiert und Turniere abgehalten, aber auch Gerichtsurteile vollstreckt: 1568 ließ hier der Herzog von Alba die aufständischen Grafen Hoorn und Egmont hinrichten. Nach den Zerstörungen durch die Geschütze der französischen Truppen 1695 wurden die Zunft- und Gildehäuser nach einem detaillierten Plan rund um den Platz mit seinen stattlichen Ausmaßen (110 x 70 m) in fünfjähriger Bauzeit umso prächtiger wiederhergestellt. So unterschiedlich sie sich auch im Einzelnen darstellen, die vielfenstrigen Fassaden, die mit unzähligen Säulchen, Girlanden und Figuren verziert und von fantasievollen Giebeln gekrönt sind, fügen sich harmonisch ineinander. Die Statuen an den Fassaden symbolisieren die verschiedenen Zünfte.

**Hôtel de Ville (Rathaus) ❷

Das gotische Rathaus (Stadhuis) mit seinem 96 m hohen Turm wurde 1449 nach Plänen des Architekten Jan Ruysbroek erbaut. Die Skulpturen der barocken Fassade stellen Szenen aus der Stadtgeschichte dar. Das Innere birgt eine Sammlung Brüsseler und Mechelener Gobelins aus dem 16., 17. und 18. Jh.

*Halle au Pain ❸

Direkt gegenüber steht am einstigen Platz des Zunfthauses der Bäcker das Brothaus. Sein französischer Name, *Maison du Roi* (»Haus des Königs«), belegt seinen Funktionswandel unter Philipp II., der daraus den Sitz verschiedener Gerichtshöfe machte. Heute ist dort das ***Stadtmuseum** untergebracht. Es umfasst neben einer großen Anzahl von Objekten zur Stadtgeschichte und Holzmodellen auch die etwa 600 Stücke umfassende Kostümsammlung des Manneken Pis (Di–So 10–17 Uhr).

Es hat sich eingebürgert, dass Staatsbesucher aus aller Welt der Brunnenfigur **Manneken Pis** ❹ einen Anzug ihrer Landestracht oder eine

Karte Seite 28

Mini-Uniform als Gastgeschenk mitbringen. Ein Brüssel-Besuch ohne einen Abstecher zu dem kleinen pinkelnden Jungen in der Stoofstraat ist nicht komplett. Die immer wieder gestohlene und ersetzte Figur stammt aus dem 17. Jh. und soll den rebellischen Geist der Brüsseler Bürger verkörpern.

In den letzten Jahren hat der Kleine eine Schwester bekommen, **Janneken Pis,** die der gleichen Beschäftigung in der Impasse de la Fidélité (an der anderen Seite der Grand' Place) nachgeht.

1. Grand' Place
2. Hôtel de Ville
3. Halle au Pain
4. Manneken Pis
5. Bourse
6. St-Nicolas
7. Galeries St-Hubert
8. Cathédrale St-Michel
9. Colonne du Congrès
10. Palais du Roi
11. Musées des Beaux Arts
12. Bibliothèque Albert Ier
13. Palais de Justice
14. Notre-Dame-du-Sablon
15. Les Marolles

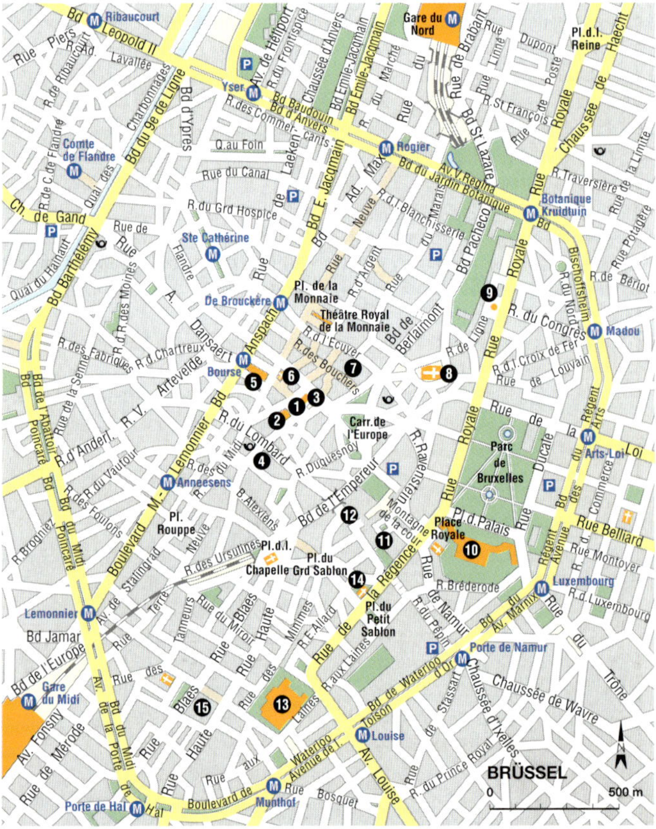

Karte Seite 28

Spaziergänge zu kulturellen Themen, wie etwa den Zeugnissen des Surrealismus in Brüssel, sind die Spezialität folgender Veranstalter:

- **Arcadia,** 38, rue de Métal, 1060 Bruxelles, Tel. 02/53 43 819,
- **Itinéraires,** 157, rue de l'Hôtel des Monnais, 1060 Bruxelles, Tel. 02/53 90 4 34
- **ARAU,** 55, bd. A.-Max, 1000 Bruxelles.

***Bourse (Börse) ❺**

Die Brüsseler Börse stieg im 19. Jh. zum Brennpunkt des wirtschaftlichen Geschehens der Stadt auf. Als großer Tempel des Geldes mit seiner von korinthischen Säulen getragenen Halle, dem Giebelfeld und der mächtigen Kuppel sowie in Stein gearbeiteten allegorischen Darstellungen des Handels, der Industrie und der Seefahrt ist sie ein wirkungsvoller Kontrapunkt zum barocken Marktplatz.

St. Nicolas (Sint Niklaaskerk) ❻

Geradezu bescheiden nimmt sich die Kirche St-Nicolas aus, die sich die Kaufleute bereits an der Wende vom 11. zum 12. Jh. errichtet haben. Kleine Läden lehnen sich an die Kirchenmauer und verleihen dieser Ecke der Stadt ein altertümliches Flair.

*****Jugenstilarchitektur**

Erhalten sind in Brüssel die Bauten von Victor Horta. Zum Weltkulturerbe zählen sein **Hôtel Tassel, Hôtel Solvay, Hôtel van Eetvelde** sowie sein **Atelier**. Weitere Jugendstilbauten, u.a. von Paul Hankar, kann man in der **Av. Louise,** der **Av. Brugman** sowie im **Quartier des Squares** und im **Quartier Saint Boniface** bewundern. Das **Musée Horta,** (tgl. außer Mo 14–17.30 Uhr) liegt in der rue Americaine 25.

Die Galeries St.-Hubert

Rue de Bouchers (Beenhouwersstraat)

Hinter dem Marktplatz wird es auch kulinarisch interessant. Die zahlreichen durch ihre exquisiten Auslagen ins Auge fallenden Restaurants haben diesem Teil der Stadt den Beinamen »Bauch von Brüssel« eingetragen.

Die ***Galeries St-Hubert** *(Sint-Hubertus-Galerijen)* ❼, die erste überdachte Geschäftsstraße Europas, wurde 1846 angelegt und beherbergt elegante Läden und Cafés.

In der Oberstadt

Die Oberstadt, östlich des alten Zentrums, ist geprägt von der Epoche König Leopolds II. (1865–1909). Hier dominiert mit Klassizismus und Historismus die große Geste eines königlichen Bauherrn.

***Cathédrale St-Michel (Sint-Michielskathedraal) ❽**

Am Westhang der Oberstadt ragt die mächtige Fassade der in Brabanter

Karte Seite 28

Gotik erbauten Cathédrale St-Michel et St-Gudule auf. Die mächtigen, 69 m hohen Türme wurden nicht vollendet.

Im Inneren schmücken lebensgroße Apostelfiguren und die Barockkanzel aus dem Jahr 1669 die weiträumige Halle des Mittelschiffs. Unter den vielen ***Fenstern** aus dem 16. Jh., die erhalten geblieben sind und nur wenig Licht in das Querschiff und den Chorraum lassen, sind jene des Malers Barend van Orley (1488–1542) von besonderem Reiz.

Colonne du Congrès (Congreszuil) ⑨

Die von einer Statue des ersten belgischen Königs Leopold I. bekrönte Säule Colonne du Congrès ist ein Werk des Architekten Joseph Poelaert (1817 bis 1879). Sie erinnert an die Verkündung der belgischen Verfassung 1830/1831.

Palais du Roi (Koninklijk Paleis) ⑩

Das königliche Schloss steht im Südteil des Parc de Bruxelles, der größten Grünanlage der Stadt. Die Residenz des belgischen Königs wurde Mitte des 19. Jhs. errichtet und später erweitert. Die Sammlungen von Glas, Porzellan und Silber sind zugänglich. Im Zentrum der von dem französischen Architekten Guimard im klassizistischen Stil angelegten Place Royale/Koningsplein steht das Reiterstandbild Gottfrieds von Bouillon, des Führers des Ersten Kreuzzugs (1097).

4 **Mont des Arts (Kunstberg)

Fünf bedeutende Museen präsentieren im Gebäudekomplex am Coudenberg unt er dem gemeinsamen Namen Mont des Arts ihre Schätze: In den ***Musées Royaux des Beaux Arts** ⑪ glänzt die Abteilung für Alte Kunst vor

Revolution im Opernhaus

An der Place de la Monnaie ist das Opernhaus, **Le Théâtre de la Monnaie,** mit seinen ionischen Säulen und dem Giebelrelief – dargestellt ist die Harmonie der menschlichen Leidenschaft – nicht zu übersehen. In keinem anderen Land spielte ein Theater eine derart bedeutende Rolle im Kampf um die Unabhängigkeit. Am 25. August 1830 wurde die Oper »Die Stumme von Portici« von Daniel François Auber gegeben. Obgleich die Zeiten nach dem Wiener Kongress unruhig waren, hatte die niederländische Obrigkeit diese Aufführung nicht verboten, obwohl sie den Aufstand neapolitanischer Fischer thematisiert. Der französische Tenor La Feuillade schmetterte also an diesem Abend mit besonderer Intensität »Amour sacré de la patrie …«, also »Oh du geliebtes, heiliges Vaterland« und »Mein Leben schulde ich meinem Land, mit der Freiheit wird es mich belohnen«. Als er ein flammendes »Zu den Waffen, Bürger!« hinzufügte, nahm das Publikum diese Aufforderung wörtlich, stürmte auf die Gassen der Altstadt und rief zum Kampf für ein freies Belgien auf.

Tagelang lieferten sich aufgebrachte Bürger mit den verhassten niederländischen Truppen erbitterte Gefechte. Nach fünf Wochen endete die Revolution mit dem Sieg der Aufständischen. Am 4. Oktober 1830 schließlich wurde Belgiens Unabhängigkeit erklärt.

Karte Seite 28

allem mit dem Brueghelsaal, sowie mit Gemälden von Rubens, Jordaens und Van Dyck und mit Skulpturen aus dem 19. Jh. Das 1984 eingeweihte Museum für Moderne Kunst zeigt auf acht raffiniert konstruierten Stockwerken belgische Meister des 19. und 20. Jhs., außerdem die Kunstszene der Gegenwart (rue de la Régence 3, tgl. 10–17 Uhr, www.montdesarts.be).

Nebenan sind im **Musée des Instruments de Musique (MIM)** Augen und Ohren gleichermaßen gefordert. Die opulente Ausstellung von Musikinstrumenten ist im ehemaligen Jugendstilkaufhaus Old England untergebracht (Montagne de la cour 2).

Der Kunstberg umfasst auch das Palais Karls von Lothringen, eine archäologische Zone auf dem Coudenberg, das Bellevuemuseum mit seiner Ausstellung über das Königshaus und die ***Bibliothèque Royale Albert Ier** ⑫ mit rund 2 Mio. wertvollen Bänden, darunter der Handschriftensammlung Phillips des Guten von Burgund.

*Palais de Justice (Justitiepaleis) ⑬

Von der Oberstadt aus hat man nicht nur einen prächtigen Blick auf die Innenstadt, sondern auch auf das Palais de Justice, das die Brüsseler treffend »Mammut« nennen. Der größte Monumentalbau des 19. Jhs. wurde nach Plänen des Architekten Poelaert, des belgischen Vertreters des Historismus per se 1866–1883 mit einer Grundfläche von 25 000 m² errichtet.

Zenterstadt

Steigt man zur Place du Petit Sablon/Kleine Zavel hinunter, erwartet einen ein beschaulicher Park hinter schmiedeeisernen Gittern. Seine 48 Bronzestatuen stellen die Zunftmeister des 16. Jhs. dar, Ziegel- und Strohdachdecker, Stuhldrechsler, Goldschläger und Stockfischhändler sind vertreten. In einer der barocken Chorkapellen der an Kunstwerken reichen gotischen Kirche ***Notre-Dame-du-Sablon** ⑭ (Onze Lieve Vrouw op de Zavel; 15. Jh.) liegen Mitglieder der Familie von Thurn und Taxis begraben.

Am Wochenende lockt die **Place du Grand Sablon** *(Grote Zavel)* mit einem großen Buch- und Antiquitätenmarkt.

Les Marolles ⑮

Brüssel steht für gepflegte Urbanität und den großen Gestus. Ganz anders Les Marolles, die Unterstadt südwestlich des Justizpalastes: In dem Viertel mit seinen schmalen Gassen, steilen Treppenwegen und winzigen Geschäften lebt die einkommensschwache Bevölkerung. Dort wird häufig »Bruxellois«, der von mehreren Sprachen gespelste lokale Dialekt gesprochen.

Außerhalb des Zentrums

*Königliche Gewächshäuser

Im Norden Brüssels liegt der Stadtteil Laeken mit dem von der belgischen Königsfamilie bewohnten Schloss Laeken in einem 160 ha großen Waldpark. In den riesigen Hallen und Glaspavillons der Königlichen Gewächshäuser gedeiht seit 1873 die opulente Pracht tropischer Pflanzen. (Zwischen Av. du Parc Royal und Av. Jules Van Praet; Metro: Stuyvenberg.)

*Atomium

Das Atomium im Osten der Stadt wurde 1958 als 165-milliardenfache Vergrößerung eines Eisenmoleküls

Karte Seite 28

Das Atomium wird derzeit renoviert

errichtet und symbolisiert das Atomzeitalter. Die neun Kugeln sind auch Ausstellungsräume (wegen Renovierung bis Januar 2006 geschl.).

Bruparck

Zu Füßen des Atomiums erstreckt sich der Freizeitpark, in dem man gut und gerne einen ganzen Tag verbringen kann (www.brupark.com). Mit seinen vier Bereichen ist er auch für Familien interessant: ein Jahrmarkt, **Mini-Europe** mit Modellen prominenter Bauwerke (tgl. 9.30–17 Uhr, im Sommer bis 19 Uhr), das Erlebnisschwimmbad **Oceade** mit Rutschen und weiteren Schikanen (tgl. 10–21 Uhr) und **Kinepolis,** ein riesiges Kino.

Zentralafrika-Museum

Ein Abstecher in das Zentralafrika-Museum in **Tervuren** lohnt sich wegen der spektakulären Masken- und Fetischsammlung (tgl. 10–17 Uhr, 12 km östl.; Tram 44 ab Montgomeryplatz; www.africamuseum.be).

Infos

TIB, Hôtel de Ville, Grand Place, Tel. 02/513 89 40, Fax 514 45 38 www.brusselsinternational.be. Der Flyer »Art Nouveau« informiert über die schönsten Bauten dieser Epoche.

Wer besondere Wünsche hinsichtlich seines Hotels hat, ein Haus oder einen Babysitter sucht, findet unter www.toervl.be die entsprechende Unterkunft und Adressen.

Métropole, 31, pl. de Brouchère, Tel. 02/2 17 23 00, Fax 2 18 02 20, www.metropolehotel.be. Luxushotel; Halle und Salon im Stil der Belle Époque. ❍❍❍

- **Amigo,** 1, rue Amigo, Tel. 02/5 47 47 47, Fax 5 13 52 77, www.roccofortehotels.com Im spanischen Renaissancestil erbautes Traditionshotel mit zeitgemäßem Komfort. ❍❍❍
- **La Tasse d'Argent,** 48, rue du Congrès, Tel./Fax 02/2 18 83 75. Familiäres Quartier in Zentrumsnähe. ❍

Taverne du Passage, 30, Galerie de la Reine, Tel. 02/5 12 37 31. Traditionsreiches Restaurant mit deftiger Küche. ❍❍

- **Comme chez soi,** 23, pl. Rouppe, Tel. 02/5 12 29 21. Kulinarische Klassiker mit regionalen Köstlichkeiten. ❍❍
- **Mort subite,** Warmoesberg 7, Tel. 02/5 13 13 18. Gemütlich. ❍❍

Antiquitäten: Galuchat, 182, av. Louise. Art déco.

- **Francis Janssens–Van der Maelen,** 26, bd. de Waterloo. Silber.

Feinkost: Bernard, 93, rue de Namur.

- **Ferme Landaise,** 41, rue Ste-Catherine.

Tradition und beste Qualität prägen das Pralinenangebot der **Confiserie Neuhaus** in der **Galerie de la Reine.** Seit 1912 mischt man dort Schokolade, Nüsse, Cremefüllungen und andere Köstlichkeiten zu perfekten Leckereien. Internationaler Verkaufsschlager ist das Ballotin mit 65 feinen Sorten.

Karte Seite 36

**Antwerpen

Schatzkammer an der Schelde

Antwerpen (frz. *Anvers*) hat einschließlich seiner Vororte über 449 000 Einwohner. Die Hauptstadt der gleichnamigen Provinz bildet damit neben Brüssel den zweitgrößten Ballungsraum Belgiens. Ihre überregionale wirtschaftliche Bedeutung gewinnt die Stadt durch ihre modernen Hafenanlagen, die zu den leistungsfähigsten der Welt zählen, sowie die Automobil-, die Chemie und Modeindustrie. Auch in der Vergangenheit bestimmte der Hafen die Entwicklung der Stadt. Handel und Wirtschaft schufen eine weltoffene Atmosphäre, in der Kunst und Kultur ideale Voraussetzungen fanden.

Geschichte

Glaubt man der Legende, entstand der Name der Stadt so: Der Riese Antigon schlug Schelde-Schiffern, die ihm keinen Wegzoll entrichten wollten, die Hände ab und warf diese in den Fluss (*Hand werpen* = Antwerpen). Der römische Legionär Silvio Brabo soll den grausamen Riesen überwältigt und den Grundstein zu einer Siedlung gelegt haben, die spurlos verschwunden ist. Erst für die fränkische Zeit kann eine Siedlung am Ufer der Schelde nachgewiesen werden. 1315 wurde Antwerpen in die Hanse aufgenommen, stand jedoch bis zum 16. Jh. im Schatten der mittelalterlichen Handelszentren Gent und Brügge.

Nach deren Niedergang trat die Stadt ein reiches Erbe an. 1565 war sie mit mehr als 100 000 Einwohnern nach Paris die größte Stadt nördlich der Alpen. Die Auseinandersetzungen zwischen reformierten Niederländern und katholischen Spaniern leiteten den Niedergang der Stadt ein. Er wurde mit der Sperrung der Schelde durch die protestantischen Nördlichen Niederlande, verfügt im Westfälischen Frieden 1648, besiegelt. Innerhalb von fünf Jahren wanderten 40 000 Bürger ab, vor allem Kaufleute und Handwerker, aber auch Künstler und Gelehrte.

Reiches kulturelles Erbe

Dennoch erreichte das kulturelle Leben der Stadt im 17. Jh. durch Maler wie Rubens, van Dyck und Jordaens seinen Höhepunkt. Napoleon, unter dessen Herrschaft die Schelde frei und der Hafen modernisiert wurde, beendete eine Phase wirtschaftlicher Rezession. Als Haupthafenstadt der Kolonialmacht Belgien gelangte Antwerpen um die Wende zum 20. Jh. zu neuem Reichtum. Die Anpassung an die Erfordernisse des modernen Seeverkehrs und der Ausbau zum Industriestandort schaffen die ökonomische Grundlage des heutigen Antwerpen.

Vorsicht Baustelle! Wegen umfangreicher Bauarbeiten am Autobahn- sowie am Altstadtring ist bis Ende 2005 im Großraum Antwerpen mit langen Staus und mit für Ortsfremde verwirrender Verkehrsführung zu rechnen. Aktuelle Infos unter www.werkenantwerpen.be

Stadtrundgang

Der Steen ❶

Die alte Burganlage, deren Grundmauern ins 9. Jh. zurückgehen, ist der markanteste Blickfang am Schelde-Kai und der älteste Siedlungsrest der Stadt. Zur Residenz der Markgrafen wurde die Festung zu Beginn des

Karte Seite 36

16. Jhs umgebaut. Die dunklen Reste des ursprünglichen Baus kann man leicht von den in hellem Sandstein neu entstandenen Teilen unterscheiden. In der Burg ist das sehenswerte ***Nationale Schifffahrtsmuseum** *(Nationaal Scheepvaartmuseum)* untergebracht (Di–So 10–17 Uhr).

Die **Aussichtsplattform** beim Steen bietet den besten Rundblick über den alten Kai. Am nördlichen Horizont lassen sich bei guter Sicht unzählige Ladebäume der modernen Hafenanlage ausmachen, stadteinwärts beherrscht der majestätische Turm der Liebfrauenkathedrale das Bild.

Auf **Het Eilandje,** dem aufpolierten Inselchen im alten Hafen, spiegeln sich schicke Lofts und angesagte Bars im brackigen Wasser.

*Vleeshuis (Alte Fleischhalle) ❷

Von de Waghemakere, einem der großen Baumeister des 16. Jhs., stammen die Pläne zu diesem spätgotischen Zunfthaus der Fleischer. Rote Ziegel und weißer Sandstein der Fassade sollen an durchwachsenen Speck erinnern. Die obere Etage diente den Fleischern als Sitzungssaal, die untere als Verkaufsraum. Geschlachtet wurde in der Gasse davor. Heute werden die Räume vom ***Museum für Stadtgeschichte** (Archäologie, Kunsthandwerk, u.a. Fayencen und Musikinstrumente) genutzt. Sehenswert sind der hölzerne Dachstuhl und die große Verkaufshalle. (Vleeshouwersstraat 38 bis 40; Di–So 10–17 Uhr.)

Weiter geht es durch die Vleeshouwersstraat in die parallel laufende Doornikstraat. Anschließend durchquert man ein Sanierungsgebiet. Den Verlauf der schmalen mittelalterlichen Gassen hat man beibehalten und in diesem Rahmen ein modernes Wohnviertel in ruhiger und zentraler Lage gestaltet.

*St.-Pauluskerk ❸

Am Ende der Hofstraat liegt der Veemarkt mit der Paulskirche. Der spätgotische Dominikanerbau (16. und 17. Jh.) wird von einem barocken Glockenturm überragt und ist üppig ausgestattet mit Skulpturen und Gemälden flämischer Meister, u.a. von Rubens, Jordaens und van Dyck. Besonders eindrucksvoll sind der Hauptaltar, das kostbare Schnitzwerk an den Beichtstühlen und im linken Querhaus eine Geißelung Christi.

Brouwershuis ❹

Zum Zunfthaus der Bierbrauer (16. Jh.) führt ein lohnender Abstecher entlang der Scheldekais nach Norden. Außer dem Ratssaal können die früher von Pferden angetriebenen Pumpanlagen besichtigt werden. Da aus hygienischen Gründen das gewöhnliche Leitungswasser zur Herstellung des Bieres nicht verwendet werden durfte, mussten viele Brauereien es von hier beziehen.

*St.-Carolus-Borromeuskerk ❺

Ein Blickfang ist die mächtige und überaus prächtige Fassade der dem heilig gesprochenen italienischen Erzbischof Karl Borromäus (Carlo Borromeo) geweihten Barockkirche. In ihrer klaren Stockwerkaufteilung mit dorischen und ionischen Säulen klingen Elemente der Renaissance nach. Den Deckenschmuck bilden 39 Gemälde aus der Rubens-Werkstatt. Die Karlskirche ist eine der wenigen Barockkirchen Belgiens. Rubens soll an den Plänen für die Fassade mitgewirkt haben. Im Inneren sind die Krypta, die Sakristei sowie die **Rubenskapelle** eine Besichtigung wert.

Um die Wende zum 20. Jh. entstand dieses Haus am Boulevard De Keyserlei

Creyf's
Interim

Karte Seite 36

*St.-Jacobskerk ❻

Mit dem Bau der spätgotischen Jakobskirche wurde gegen Ende des 15. Jhs. begonnen, rund 200 Jahre später war sie fertig gestellt. Sie ist nach der Kathedrale der wichtigste Sakralbau der Stadt mit einer überaus reichen barocken Ausstattung.

Die kreuzförmige Basilika bietet mit ihren beidseitigen Kapellenreihen und dem Kapellenkranz des Chors viel Raum für die mit Kunstschätzen geschmückten Grabmäler und Privatkapellen einflussreicher Bürger der Stadt. In einer Grabkapelle hinter dem barocken Hochaltar seiner Pfarrkirche fand Peter Paul Rubens (1577–1640) seine letzte Ruhestätte.

Die Kapelle schmückt eine »Jungfrau mit Heiligen«, eines seiner späten Gemälde, weitere Bilder stammen von seinem Schüler Jacob Jordaens.

*Rubenshaus ❼

Hier lebte der bedeutendste Maler Antwerpens von 1610 bis zu seinem Tod. Das repräsentative Stadtpalais orientiert sich am Vorbild italienischer Palazzi. Innenhof und Gartenanlage werden von dem in vielen Bildern des Meisters dargestellten ***Portikus** in harmonischer Weise räumlich getrennt.

- ❶ Steen
- ❷ Vleeshuis
- ❸ St.-Pauluskerk
- ❹ Brouwershuis
- ❺ St.-Carolus-Borromeuskerk
- ❻ St.-Jacobskerk
- ❼ Rubenshaus
- ❽ Diamantmuseum
- ❾ Plantin en Moretus-museum
- ❿ Onze-Lieve-Vrouwe-katedraal
- ⓫ Stadhuis / Grote Markt
- ⓬ Museum Mayer van den Bergh
- ⓭ Koninklijk Museum voor Schone Kunsten
- ⓮ Museum voor Hedendaagse Kunst
- ⓯ Modemuseum

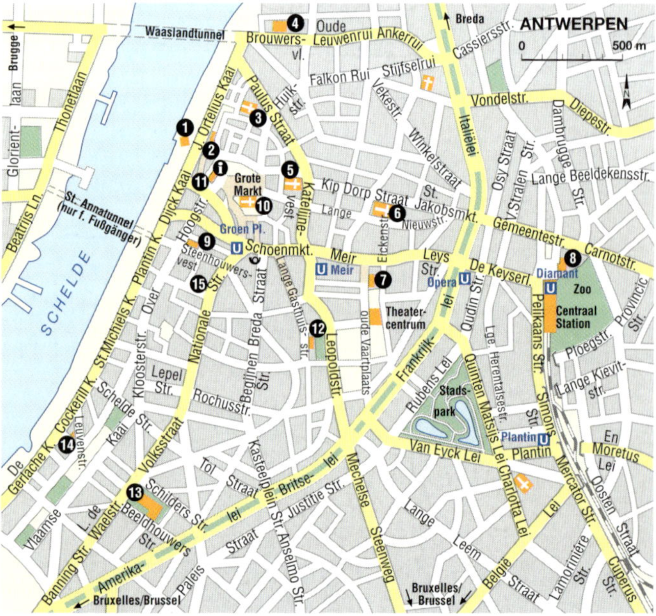

Karte Seite 36

Neben den prachtvoll ausgestatteten Wohnräumen sind das **Atelier** und **Kunstkabinett** des Malers, eigene Werke und Arbeiten seiner Schüler, aber auch Bilder anderer Meister, die Rubens sammelte, zu besichtigen. (Wapper 9–11; Di–So 10–16.45 Uhr.)

Abstecher: *Diamantmuseum ❽
Eine Pause in einem der Straßencafés in De Keyserlei bietet sich an, bevor man beim Anblick der funkelnden Schätze im neuen Diamantmuseum die Bodenhaftung verliert. Exponate aus fünf Jahrhunderten zeugen von Macht und Fachkenntnis der hiesigen Experten. Nach wie vor werden 85% des weltweiten Juwelenhandels in den diskreten Kontoren Antwerpens abgewickelt (Astridplein 19–23, tgl. 10 bis 17.30 Uhr, www.diamantmuseum.be).

Ergänzend bietet der Hoge Rad vor Diamant eine **Diamantenwanderung** durch die Stadt an (Tel. 03/4 49 83 87, www.diamant.provant.be).

5 ***Plantin en Moretus-museum ❾**
Über die elegante Einkaufsmeile Meir und den Schoenmarkt schlendert man

Der Meister des Barock

Peter Paul Rubens wurde am 28. Juni 1577 im westfälischen Siegen geboren, wohin sein Vater, ein Rechtsgelehrter aus Antwerpen, vor den Wirren der Gegenreformation geflohen war. Nach dem Tod des Vaters kehrte er 1589 in die Heimatstadt der Eltern zurück und erhielt dort eine sorgfältige Ausbildung, die vom Geist des Humanismus geprägt war. Als 23-Jähriger ging er nach Italien und wurde Hofmaler des Herzogs Gonzaga in Mantua, der den jungen Mann auch mit diplomatischen Missionen betraute.

Als er 1608 wieder nach Antwerpen zurückkehrte und dort eine Werkstatt gründete, begann seine unvergleichliche Karriere: Aus seinem Atelier ging eine schier unerschöpfliche Zahl von Werken hervor, von denen er nicht weniger als 600 mit eigener Hand geschaffen hatte. Unter anderen arbeiteten Antonis van Dyck, Jacob Jordaens und Jan Brueghel, genannt Samt-Brueghel, in seiner Werkstatt. Fast alle denkbaren Sujets griff Rubens auf und bearbeitete sie mit nie versiegendem Ideenreichtum: Landschaften, Porträts, biblische, mythische, historische Szenen. Seine Anregungen bezog er sowohl aus seinen italienischen Jahren, in denen er neben den Gemälden von Tizian, Michelangelo und Leonardo da Vinci auch die Werke der Antike kennen gelernt hatte, wie auch aus den Bildwelten seiner niederländischen Landsleute. Groß angelegte Historienpanoramen erfüllte er mit seiner Farbenglut und überströmender Sinnlichkeit, dann wieder schuf er mit zartesten Rötelstrichen kleine, intime Bildnisse seiner Angehörigen.

Schon zu Lebzeiten ein berühmter und gefragter Künstler, der sich neben einem großzügigen Stadtpalais auch ein Landhäuschen leisten konnte, gilt Peter Paul Rubens heute nahezu als Inkarnation barocker Ausdruckskraft.

Karte Seite 36

zurück zum Plantin-Moretus-Museum. Die Pracht des Renaissance-Gebäudes erschließt sich erst, wenn man die Innenräume betritt. Im Jahre 1549 gründete der Buchdrucker Christoph Plantin hier seine **Druckerei,** die einzige, die unter Philipp II. das Recht besaß, Mess- und Gebetsbücher für das Spanische Reich – und das war damals die halbe Welt – zu drucken. Unter seinem Schwiegersohn Moretus und dessen Nachkommen arbeitete die Druckerei bis weit ins 19. Jh. hinein. Außer der Originalausstattung des Hauses ist eine der 13 Gutenbergbibeln, die **Biblia Regia,** zu sehen. (Vrijdagmarkt 22 bis 23; Di–So 10–17 Uhr.)

Durch die Hoogstraat mit ihren vielen Läden gelangt man zum Oude Koornmarkt. In der Pelgrimstraat bietet sich ein schöner Blick auf den nahe gelegenen Turm der Kathedrale.

**Onze-Lieve-Vrouwekatedraal ⑩

Mit ihrem 123 m hohen Turm, dem einzigen von fünf geplanten, ist der Liebfrauendom der mächtigste Sakralbau Belgiens. Auf Betreiben der Bürgerschaft begann man 1352 mit diesem gotischen Bauwerk, das erst im Jahre 1521 vollendet werden konnte. Fünf Kapellen umgeben den Chor. Außen umstellen kleine Läden und Cafés eng die Mauern der Kathedrale.

Durch Brände in den Jahren 1443 und 1533, durch Bilderstürmer und Plünderungen während der Französischen Revolution wurde die Kathedrale stark beschädigt und ihre Ausstattung dezimiert. Dennoch beeindruckt der schmucklose Innenraum durch die ausgewogenen Proportionen seiner Architektur. In dieser Umgebung entfalten zwei berühmte Werke von Rubens, die 1614 im Liebfrauendom aufgestellt wurden, unbeeinträchtigt ihre Wirkung: ****Die Kreuzaufrichtung** und **Die Kreuzabnahme.**

Onze-Lieve-Vrouwekatedraal

Im Sommer finden jeweils freitags Orgelkonzerte in der Kathedrale statt. Info: www.akc-orgel.be

Stadhuis und Grote Markt ⑪

Das von Cornelis de Vriendt von 1561 bis 1566 erbaute **Rathaus** prunkt an der Westseite des **Grote Markt,** des historischen Zentrums der Stadt. Der vertikale Mittelbau seiner ansonsten horizontal gegliederten Fassade repräsentiert den flämischen Renaissancestil und harmoniert gut mit den umstehenden gotischen **Zunft- und Gildehäusern.** Sie stammen aus dem 16. Jh., wurden aber zum Teil erst im 19. Jh. nach alten Plänen wieder hergestellt. Der aufwändige Schmuck der gotischen Treppengiebel weist auf die Zünfte als frühere Hausbesitzer hin (Nr. 5, Haus der Böttcher; Nr. 7, Haus der Armbrustschützengilde; Nr. 11, Haus der Krämer). Im Zentrum des Platzes steht der neubarocke **Brabo-Brunnen.** Er zeigt die Entstehungslegende Antwerpens.

Karte Seite 36

Weitere Museen

***Museum Mayer van den Bergh ⓬**
Diese Gemäldesammlung ist einzigartig: Zu sehen sind Werke wie die Dulle Griet von Pieter Brueghel d. Ä. und Bilder von Dirk Bouts sowie Quentin Metsys. Hinzu kommen hervorragende mittelalterliche Skulpturen, Möbel, Fayencen, Elfenbeinarbeiten und Buchmalereien. (Lange Gasthuisstraat 19; Di–So 10–17 Uhr.)

****Koninklijk Museum voor Schone Kunsten ⓭**
Ein klotziger neuklassizistischer Bau beherbergt das Königliche Museum der Schönen Künste, die umfangreichste Sammlung niederländischer Malerei Belgiens. Dokumentiert wird die flämische Malerei über fünf Jahrhunderte. Schwerpunkt ist die Sammlung von 1500 Bildern und Skulpturen des 19. und 20. Jhs., die die Entwicklung der Bildenden Kunst in Belgien dokumentiert. (Plaatsnijdersstraat 2; Di–So 10–17 Uhr.)

****Museum voor Hedendaagse Kunst ⓮**
Im Museum für zeitgenössische Kunst in der Leuvenstraat 32 sind Exponate aus dem gesamten Spektrum moderner Kunst ausgestellt. (Di–So 10 bis 17 Uhr; www.muhka.be.)

Modemuseum MoMu ⓯
Zwischen schicken Boutiquen und den hip gestylten Garagenshops rund um die Nationalestraat präsentiert das Modemuseum neben klassischen Stücken vor allem die radikalen Modestatements der Postmoderne. Dries van Noten und Walter van Beirendonck zeigen ihre schrillsten Entwürfe, Absolventen des Flanders Fashion Institute finden hier ein Forum für ihre Stoff gewordenen Fantasien. (Nationalestraat 28; Di–So 10–18 Uhr; www.momu.be.)

Die meisten Museen Antwerpens sind auf der Site http://museum.antwerpen.be versammelt.

Infos

Dienst voor Toerisme, Grote Markt 15, 2000 Antwerpen, Tel. 03/232 01 03, Fax 220 82 96, www.visitantwerpen.be

Columbus, Frankrijklei 4, Tel. 03/233 03 90, Fax 226 09 46, www.columbushotel.com. Stilvoll eingerichtetes Haus (22 Zi.) an der Oper. Pool, opulentes Frühstücksbüfett. ○○○
▮ **De Witte Lelie,** Keizerstraat 16–18, Tel. 03/226 19 66, Fax 234 00 19, www.dewittelelie.be. Individuell gestaltete Zimmer in drei Altstadthäusern aus dem 16. Jh. ○○○
▮ **Industrie,** Emiel Banningstraat 52, Tel. 03/238 66 00, Fax 238 86 88, www.hotelindustrie.be. Ruhe und viel Komfort in umgebauter Stadtvilla (13 Zi.). Aufmerksamer Service. ○○
▮ **Monico,** Koningin Astridplein 34, Tel. 03/225 00 93, Fax 226 95 47. Zentral, günstiges Touristenhotel. ○

Rooden Hoed, Oude Koornmarkt 25, Tel. 233 28 44. Beliebtes Restaurant mit Muschelspezialitäten. ○○
▮ **Cullinan,** Isabellalei 1, Tel. 230 16 60. Sympathisches Lokal mit großer vegetarischer Auswahl. ○
▮ **De Peerdestal,** Wijngaardstraat 8, Tel. 231 95 03. Im Sommer angenehm zum Draußensitzen. ○

Vogelmarkt am Oude Vaartplaats, immer So 7–13 Uhr.

Karte Seite 42

***Brügge

Weltstadt des Mittelalters

Ein Besuch in Brügge (fläm. *Brugge,* frz. *Bruges;* 118 000 Einw.), der Hauptstadt der Provinz Westflandern, bildet die Krönung einer Belgienreise. Die von Grachten durchzogene Altstadt gilt als großartiges Beispiel spätmittelalterlichen Städtebaus und ist Weltkulturerbe. Doch auch abseits der ihrer Sehenswürdigkeiten, bei einem Spaziergang durch die stilleren Gassen, durch die Grünanlagen entlang der ehemaligen Stadtbefestigungen oder an den zahlreichen Kanälen spürt man noch immer den besonderen Charme der Stadt.

Geschichte

Im 9. Jh. legte Graf Balduin I. von Flandern an der Stelle, an der bereits die Wikinger einen *Bruggia,* einen Einschiffungsplatz besaßen, den Grundstein zu einer Burg. Er hätte keinen besseren Platz wählen können: Am Naturhafen liefen einst die Wege des von den deutschen Hansestädten kontrollierten Ostseehandels, des venezianischen Orienthandels und des lukrativen Wollhandels mit England zusammen. So avancierte Brügge im ausgehenden Mittelalter zum Welthandelszentrum und war bald neben Venedig die prachtvollste und reichste Stadt der Welt. Die Herzöge von Burgund hielten prunkvoll Hof.

Erst die Versandung des Zwin sowie die spätere Förderung Antwerpens durch Kaiser Maximilian I. leiteten den wirtschaftlichen Niedergang ein. Die Stadt fiel für fast 400 Jahre in die Bedeutungslosigkeit zurück. Trotz des neuen Hafens bei Zeebrügge gelang der Anschluss an das Industriezeitalter nur zögernd . Brügge blieb weitgehend von den Bausünden der Neuzeit verschont und konnte sein einzigartiges Stadtbild bewahren, das – dank des Tourismus – zum wichtigsten Wirtschaftsfaktor der Stadt geworden ist.

***Historisches Zentrum

Am *Grote Markt ❶

Der Grote Markt ist von jeher der Brennpunkt der Stadtgeschichte. Hier steht der ***Belfried,** Symbol des Bürgerstolzes und der städtischen Unabhängigkeit. Der untere Teil des 83 m hohen Turms stammt aus dem 13. Jh., die achteckige Krone wurde erst 200 Jahre später aufgesetzt. Auf Höhe der obersten Besucherterrasse hängen die 50 Glocken des stündlich erklingenden Glockenspiels. Zur gleichen Zeit wie der Belfried entstand die gewaltige **Lakenhalle** (Tuchhalle).

Vom Markt führt die Vlamingstraat in das »Hanseatische Brügge«. Das **Haus der Genuesen** (1399) erinnert an die internationalen Handelsbeziehungen Brügges. Auch das stolze Haus der Kaufmannsfamilie **van der Beurse** aus dem 15. Jh. steht in der Vlamingstraat (Nr. 35). Der florierende Handel und die lukrativen Geldgeschäfte, die in und vor diesem Haus getätigt wurden, brachten es mit sich, dass sich die Bezeichnung Börse (niederländisch *beurs* = Geldbeutel) als Synonym für solche Geschäfte einbürgerte.

Poortersloge ❷

Die Poortersloge an der Ecke Academiestraat, Anfang des 15. Jhs. erbaut und heute das Staatsarchiv, diente den »Poorters«, reichen Grundherren und Kaufleuten, als Versammlungsort. Der Turm wurde bei Renovierungsarbeiten Anfang des 20. Jh erneuert.

Karte Seite 42

Rund um den Burgplatz ❸

Der Name des Platzes verweist auf die zerstörte Burg des flandrischen Grafen Balduin I. Rundherum gruppieren sich einige der bedeutendsten Gebäude Brügges: Das **Stadhuis,** 1376 bis 1420 errichtet und Vorbild für weitere repräsentative Rathäuser im Land, birgt als einzigartiges Prunkstück den Ratssaal mit seinem hölzernen Deckengewölbe und Wandmalereien, die bekannte Motive aus der Brügger Stadtgeschichte darstellen.

Die ***Heiligbloedkapel** wurde für die kostbare Heiligblutreliquie errichtet, die der flandrische Graf Dietrich von Elsass 1150 von einem Kreuzzug mitbrachte. Aus dieser Zeit stammt der untere, romanische Teil der Wallfahrtskirche, der obere zeigt den Übergang von Spätgotik zu Renaissance. Die Heiligblutprozession am Himmelfahrtstag ist der bedeutendste Festtag im Kalender der Stadt.

Blickfang und Begrenzung des Platzes nach Osten hin bildet der **Buitenpoortus,** das ehemalige Zollhaus, dessen Eingangsportal die Wappen der wohlhabenden Handelsherren zieren. Vom ursprünglich gotischen Bau blieb nur die Südfassade erhalten.

Der hypermoderne **Pavillon** des Japaners Toyo Ito, eine transparente Komposition aus Glas, Wasser und Aluminium, bildet den architektonischen Kontrapunkt zum nostalgischen Zauber von Brügge.

Huidenvettersplein ❹

Der Tordurchgang in der ehemaligen **Stadtkanzlei,** im Stil der Frührenaissance mit vergoldeten Säulen, führt über die Eselsbrücke *(Blindenezelbrug),* vorbei an den Hallen des Fischmarkts, zum Huidenvettersplein im früheren Gerberviertel. Reliefs an der Fassade des Zunfthauses zeigen Szenen aus dem Gerberhandwerk.

Der Grote Markt ist von jeher der Mittelpunkt der Stadt

Entlang dem Rozenhoedkal gelangt man zum platzartig erweiterten Kanalufer, dem *Dijver,* unter dessen Bäumen an Sommerwochenenden der Flohmarkt stattfindet.

Museen im Zentrum

**Groeninge-Museum (Stedelijk Museum voor Schone Kunsten) ❺

Dank seiner hochkarätigen Sammlung früher niederländischer Malerei – Hans Memling, Jan van Eyck, Rogier van der Weyden – sowie einer modernen Galerie ist dieses Museum besonders hervorzuheben.

Elegante Kragen, Borten und Tischdecken, von Heimarbeiterinnen handgeklöppelt, waren jahrhundertelang ein Brügger Exportschlager. Heute wird der Markt von Billigware aus dem Fernen Osten überschwemmt, schöne Originalstücke sind im **Museum Arentshuis** am Dijver 16 ausgestellt (Di–So 9.30 bis 17 Uhr).

Karte Seite 42

*Gruuthusepalais und -Museum ❼

Hinter dem Brangwyn-Museum ❻, das u. a. an den gleichnamigen englischen Künstler (1867–1956) erinnert, steht in einem Innenhof mit efeuüberwachsenen Gebäuden und Türmen das Gruuthusepalais aus dem 15. Jh. Im Inneren des prächtigen Baus ist ein Museum für Teppiche, Spitzen, Musikinstrumente, Münzen und Waffen eingerichtet. Das Palais war im Mittelalter das Domizil eines der führenden Patriziergeschlechter der Stadt, dessen Reichtum auf dem Recht basierte, die Steuer auf Zutaten zum Bierbrauen, die sog. *Gruute,* zu erheben. Zu den architektonischen Besonderheiten zählt die Privatkapelle im ersten Stock, von der aus die Bewohner an der Messe im Chor der benachbarten Kirche teilnahmen.

*Onze-Lieve-Vrouwekerk ❽

Die gotische Hallenkirche mit dem ungewöhnlich hohen Turm (122 m) bewahrt bedeutende Kunstschätze. Mit der ****Brügger Madonna** (1503) besitzt sie das einzige Werk Michelangelos, das zu dessen Lebzeiten über die Alpen gelangte. Im Chor der Kirche stehen die ***Sarkophage** Marias von Burgund und ihres Vaters, Karls des Kühnen, Herzog von Burgund (1433 bis 1477).

❶ Grote Markt
❷ Poortersloge
❸ Burgplatz
❹ Huidenvettersplein
❺ Groeninge-Museum
❻ Brangwyn-Museum
❼ Gruuthusepalais und -Museum
❽ Onze-Lieve-Vrouwekerk
❾ Sint-Jans-Spital
❿ Begijnhof
⓫ St.-Salvatorskathedraal

Karte Seite 42

Sint-Jans-Spital ❾

Der Gebäudekomplex gilt als eines der ältesten Krankenhäuser Europas. Er wurde schon im 12. Jh. begründet und war bis vor 40 Jahren in Betrieb. Renoviert und von jungen Leuten aus aller Welt belebt, ist er nun ein flottes Eventzentrum samt Café und gemütlicher Sonnenterrasse.

****Memling-Museum**
In der Spitalkapelle ist das Memling-Museum untergebracht. Hans Memling, ein Deutscher, kam etwa 1465 nach Brügge und war bis zu seinem Tod 1494 als Stadtmaler tätig. Wegen ihrer ausdrucksvollen und volksnahen Darstellungen erfreuten sich seine Arbeiten großer Beliebtheit. Sechs seiner Hauptwerke sind hier zu bewundern, so der ***Ursula-Schrein**, der auf Miniaturgemälden die Legende der Heiligen darstellt, und das Altarwerk ***Die mystische Vermählung der hl. Katharina** (Di–So 9.30–17 Uhr).

*Begijnhof ❿

Über die Wijngaardstraat gelangt man zum mit Pappeln bestandenen, beschaulichen Beginenhof (13. Jh.), der sich hinter einem barocken Tor öffnet. Ein kleines Museum gibt Einblick in den Alltag der Beginen (s.S. 8). Vom Schleusenhaus am Südende des Wijngaardplaats aus wird der Wasserstand der Stadtkanäle reguliert.

*St.-Salvatorskathedraal ⓫

Sie ist die älteste Pfarrkirche der Stadt. An den Schießscharten erkennt man, dass der im unteren Teil romanische Turm (12. Jh.) zur Verteidigung genutzt wurde. Hauptschiff und Chor sind im Stil der frühen Gotik erbaut, der obere Teil des Turmes wurde erst im 19. Jh. fertig gestellt. Das Chorgestühl zeigt das Wappen der Ritter vom Goldenen Vlies, die hier 1478 ihre erste Sitzung abhielten.

Unbedingt zu empfehlen ist eine Grachtenrundfahrt (Abfahrtsstellen im Zentrum; Dauer ca. 35 Minuten).

Infos

Dienst voor Toerisme, Burg 11, 8000 Brugge, Tel. 050/44 86 86, Fax 44 86 00, www.brugge.be.

De Orangerie, Kartuizerinnenstraat 10, Tel. 050/34 16 49, Fax 33 30 16, www.hotelorangerie.com. Elegant; im Zentrum. ❍❍❍
De Castillion, Heilige-Geeststraat 1, Tel. 050/34 30 01, Fax 33 94 75, www.castillion.be. Gemütliche Atmosphäre in typischem Brügger Herrenhaus mit modernem Komfort. ❍❍
Egmond, Minnewater 15, Tel. 050/34 14 45, Fax 34 29 40, www.egmond.be. Landhaus, 8 stilvoll eingerichtete Zimmer, gartenseitig. ❍

De Karmeliet, Langestraat 19, Tel. 33 82 59. Französische Küche mit 3 Michelin-Sternen. ❍❍❍
Prinsenhof, Ontvangersstraat 9, Tel. 34 26 90. Spitzenrestaurant in altem Herrenhaus (auch Hotel). ❍❍
Begijnhof, Wijngaardplein 16, Tel. 050/33 46 64. Pfannkuchenhaus am Wasser. ❍

Café't Brugs Beertje, Kemelstraat 5. Rund 300 Biersorten und ein Wirt, der als Experte für belgischen Gerstensaft im ganzen Land bekannt ist (tgl. außer Mi ab 16 Uhr).

Karte Seite 47

Gent

Die stolze Stadt an der Schelde

Nicht so unberührt erhalten wie das mittelalterliche Brügge, dafür aber von nie erlahmender Geschäftigkeit ist Gent (frz. *Gand;* 226 000 Einw.), eine bedeutende historische Kunst- und eine moderne Großstadt zugleich. Vor allem die Tuchherstellung hat hier seit dem Mittelalter Tradition. Inmitten des größten belgischen Obst- und Gemüseanbau- sowie Blumenzuchtgebiets ist Gent der wichtigste Umschlagplatz für diese Produkte. Am Zusammenfluss von Leie und Schelde gelegen hat es den zweitgrößten Hafen des Landes.

Geschichte

Um eine Burg zum Schutz gegen die Normannen sowie um zwei Abteien herum entwickelten sich ab dem 9. Jh. erste Ansiedlungen, die innerhalb von 300 Jahren zu einer beachtlichen Stadt anwuchsen. Hauptwirtschaftszweige waren die Leinenweberei und die Weiterverarbeitung englischer Wolle. Das Selbstbewusstsein und der kämpferische Freiheitsdrang der Bürger bestimmten seit dem späten Mittelalter die oft blutige Geschichte der Stadt. 1448 erklärten die Genter Philipp dem Guten von Burgund (1396 bis 1467) den Krieg, nachdem er die Steuern für Salz und Getreide erhöht hatte. 1539 lehnten sie sich gegen Kaiser Karl V. auf, als er die Privilegien der Stadt verletzte. Meistens zogen die Genter jedoch als Verlierer vom Schlachtfeld und mussten ihren Stolz mit den in Friedenszeiten angehäuften Reichtümern bezahlen.

Nach der Niederwerfung durch die Spanier (1584) schien das Schicksal der Stadt besiegelt: Die meist protestantischen Kaufleute, Weber und andere Handwerker verließen sie. Von diesem Schlag für das wirtschaftliche und geistige Leben erholte sich Gent erst im 18. und 19. Jh., als die Baumwollindustrie und damit der Handel erneut aufblühten. Stolz und Einsatz für ihre Rechte zeigen die Genter auch heute; die Stadt gilt als Hochburg der Arbeiterbewegung und als Vorkämpferin flämischer Eigenständigkeit.

Historischer Stadtkern

Die interessantesten Bauten Gents liegen im gut erhaltenen und überschaubaren historischen Stadtkern am rechten Ufer der Leie zwischen der Grafenburg und der Kathedrale.

*Sint-Baafskathedraal ❶

Mit dem wuchtigen Bau der dreischiffigen Kathedrale wurde 1228 begonnen. Mitte des 14. Jhs. wurde der frühgotische Chor fertig gestellt; zwei Jahrhunderte später folgten der 80 m hohe Turm, Langhaus und Querschiff. Zur großartigen Barockausstattung des Innenraums gehören eine geschnitzte Holzkanzel (1745) von Delvaux und das Bild **Eintritt des hl. Bavo ins Kloster** von Peter Paul Rubens.

6 Ein Kunstwerk von Weltrang ist der ****Genter Altar** (1420 bis 1432) der Brüder Hubert und Jan van Eyck. Auf 22 Tafeln des Flügelaltars ist in beeindruckenden Szenen die Heilsgeschichte vom Sündenfall bis zur Erlösung dargestellt.

Der kostbare ****Kirchenschatz** wird in der vom Vorgängerbau der Kathedrale erhaltenen Krypta ausgestellt.

Karte Seite 47

Gotische Sint-Baafskathedraal

*Belfried ❷

Höher als der Turm der Kathedrale ist der Belfried gegenüber, Machtsymbol des Bürgertums im 14. Jh. Seine Spitze bildet eine Drachenfigur, die Kampfeslust verkörpert. Das ***Glockenspiel** stammt aus dem 17. Jh. Die dem Belfried angeschlossene Tuchhalle, die sog. Lakenhalle, einst Verkaufs- und Lagerraum der weltweit bekannten flandrischen Tuche, entstand im 15. Jh.

*Stadhuis ❸

Das Rathaus an der Westseite des **Botermarkts** wurde in der Spätgotik begonnen, gilt aber, bedingt durch die lange Bauzeit, als eine architektonische Glanzleistung der Renaissance.

St.-Niklaaskerk ❹

Im 13. Jh. erbaut, ist die Nikolauskirche mit ihrem von vier Ecktürmen flankierten Vierungsturm ein typisches Beispiel für die Scheldegotik. An der Kleinen Turkije, so benannt nach dem Gildehaus der Gewürzhändler, die ihre Ware vor allem aus der Türkei bezogen, stehen prächtige Bürgerhäuser.

Am Ufer der Leie

In den an die Kirchenmauer angebauten Läden aus dem 17. Jh. werden hauptsächlich Devotionalien angeboten. Der sich anschließende Korenmarkt wird von vielen Straßencafés und Restaurants gesäumt.

St.-Michielskerk ❺

Zum Erkennungszeichen des 1440 begonnenen und erst 1648 im Stil der Brabanter Gotik fertig gestellten Sakralbaus gehört der unvollendete Turm. Das wuchtige Erscheinungsbild wird durch die Chor- und Seitenkapellen verstärkt. Im Inneren ist das Gemälde **Kreuzigung Christi** (1630) von Anthonis van Dyck sehenswert.

*Giebelhäuser der Zünfte

Eine Treppe führt von der Sint-Michielsbrug zur Kornlei hinunter. Von dort aus hat man den schönsten Blick auf die Kaimauer der Graslei gegenüber, des ältesten Hafens von Gent.

Die Reihe prachtvoller Giebelhäuser der Zünfte gilt als stolzes Symbol für Macht und Unternehmungsgeist ihrer Erbauer. Links neben dem neugotischen **Postgebäude** (1903) steht das **Haus der freien Binnenschiffer** im Stil der Brabanter Gotik (1531), daneben das spätbarocke **Haus der Getreidemesser** (1698). Der fast 800 Jahre alte romanische Getreidespeicher ist »aus der Flucht gebaut«: Seine Fassade neigt sich pro Meter Höhe um

Karte Seite 47

Die Festung s'Gravensteen

Giebel des Rathauses

einen Zentimeter aus dem Lot nach vorne. Diese Bauweise erleichterte das Hochhieven der Säcke per Kran.

Vleeshuis ❻

Über die Grasbrug (Schiffsanlegestelle) gelangt man zur Großen Fleischhalle am Groentenmarkt (1406–1410), früher Verarbeitungs- und Verkaufshalle der Metzgerzunft. Im Penshuizekens (Kaldaunenhäuschen) versorgten sich die Armen mit frischen Innereien.

*Festung s'Gravensteen ❼

Die umgebaute Grafenburg aus dem 12. Jh. erlebte blutige Kämpfe zwischen den Bürgern der freien Stadt Gent und den Territorialherren der Stadt. Später diente der »Steen« als Kerker und als Sitz des Gerichts.

Gerberviertel Patershol

Westlich der Kraanlei schließt sich das ehemalige Gerberviertel, das später Arbeiterviertel wurde, an. Jetzt findet man hier Kunsthandwerker, Antiquitätenhändler und Boutiquen. 18 flämische Häuschen, einst Kinderhospiz, beherbergen das **Museum voor Volkskunde ❽** (Di–So 9.30–17 Uhr).

Vrijdagmarkt

Über die Zuivelbrug geht es zum **Grootkanonplein ❾**, der nach der Dulle Griet benannt ist, einer 15 Tonnen-Kanone, Beutestück um Krieg gegen die Burgunder. Der Vrijdagmarkt ist das Zentrum der Stadt. Die Nordwestseite des Platzes überragt die Fassade des Ons Huis, Sitz der Sozialistischen Arbeitervereinigung.

Im Turm des **Toreken** (1460), Zunfthaus der Gerber, tagte die Abnahmekommission der Leinenweber. Stücke schlechter Qualität wurden zur Schande des Webers öffentlich ausgestellt.

Außerhalb des Stadtkerns

*Museum voor Schone Kunsten ❿

Das Museum im Citadelpark zeigt Kunst vom 14. bis zum 20. Jh.: Rubens, van Dyck, Pourbus, Jordaens, Frans Hals. (Wegen Renovierung bis Ende 2006 geschl.; die Ausstellung ist im Pavillon der Leopoldskazerne zu sehen, Charles de Kerchovelaan 187 a.)

Beginenhöfe

Neben dem Hof (13. Jh.) an der St.-Elisabethkirche gibt es zwei Beginenhöfe jüngeren Datums: die barocke Anlage in der Lange Violettestraat (17./18. Jh.) und den Großen Beginenhof (1872) in **St.-Amandsberg ⓫**.

Karte Seite 47

Museum S.M.A.K.
Kurator Jan Hoet bringt hier kunstsinnigen Mitmenschen die Werke innovativer Künstler nahe (Citadelpark, www.smak.be, Di–So 10–18 Uhr).

Infos

Dienst voor Toerisme, Belfort, 9000 Gent, Tel. 09/266 52 32, www.visitgent.be.

Sofitel Gent Belfort, Hoogpoort 63, Tel. 09/2 33 33 31, Fax 2 33 11 02, www.sofitel.com. Mitten im Einkaufsviertel. Neuer Sauna- und Fitnessbereich. Restaurant, gepflegte Genter Küche. ❍❍❍

Erasmus, Poel 25, Tel. 09/224 21 95, Fax 2 33 42 41, www.proximedia.com/web/hotel-erasmus.html
Stilvolle Eleganz in individuell eingerichteten Zimmern im historischen Stadtkern. Gepflegter Garten. ❍❍

St. Jorishof, Botermarkt 2, Tel. 09/ 2 24 24 24, Fax 2 24 26 40, www.courstgeorges.com
Gebäude aus dem 13. Jh. mit sorgsam restaurierten, modernisierten Zimmern. Renommiertes Restaurant. ❍❍

Graaf van Egmond, St.-Michielsplein 21, Tel. 2 25 07 27. Historisches Lokal im Zentrum. ❍❍

C'est Fou, Groot-Britannielaan 51, Tel. 225 35 55. Frische Fusionkreationen mit solider lokaler Basis. ❍

1. St.-Baafskathedraal
2. Belfried
3. Stadhuis
4. St.Niklaaskerk
5. St.-Michielskerk
6. Vleeshuis
7. s'Gravensteen
8. Museum voor Volkskunde
9. Grootkanonplein
10. Museum voor Schone Kunsten
11. St.-Amandsberg

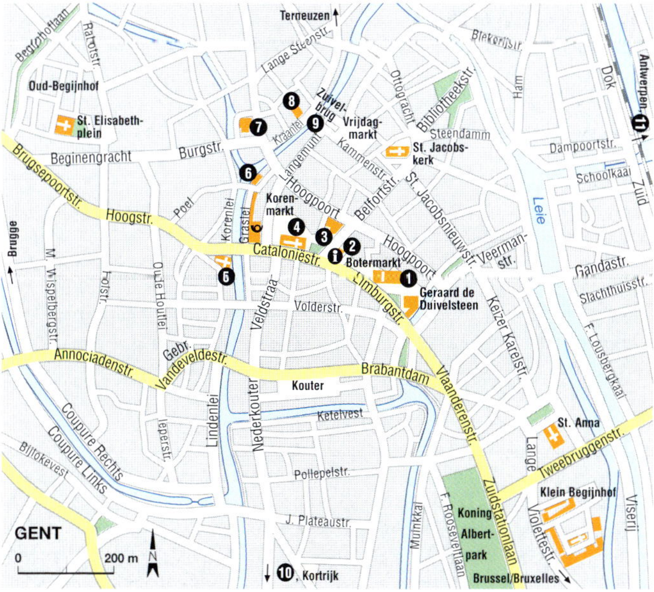

Karte Seite 49

Lüttich

Herbe Schönheit

Laut, rußig, düster – Lüttich (frz. *Liège*, fläm. *Luik;* 185 000 Einw.), die Industriestadt an der Maas, genannt »Stadt mit dem eisernen Himmel«, macht es dem Besucher nicht leicht, sie schätzen zu lernen. Doch hat man den Ring aus Stahlwerken und Industrievierteln hinter sich gelassen, kann man sich auf einen angenehmen Tag in der Innenstadt freuen. Hier, an der Grenze zwischen romanischem und germanischem Sprachraum, wähnt man sich bereits in Frankreich – ein Blick auf die Speisekarten der Restaurants zeigt es deutlich. Doch vor allem ist Lüttich eine Kunststadt: Die Kirchen mit ihren Schätzen, die Museen und Bauwerke zeugen von klerikaler Macht, wirtschaftlichem Wohlstand und regem Kulturaustausch, der die Eigenart der französischsten Stadt Belgiens und ihrer Einwohner prägte.

Geschichte

Zu Beginn des 8. Jhs. als Pilgerstätte über dem Grab des hl. Lambert gegründet, wurde Lüttich schon im Jahr 721 Bischofssitz. Eine erste Blütezeit erlebte die Stadt um die erste Jahrtausendwende. Damals ließ Fürstbischof Notger (gest. 1008), bekannt als Förderer von Kunst und Wissenschaft, die Kathedrale und einen Bischofspalast erbauen. Die ständigen Kämpfe zwischen dem aufstrebenden Bürgertum und der herrschenden Geistlichkeit begründeten im 14./15. Jh. den Ruf Lüttichs als *Cité ardente*, als hitzige, feurige Stadt. Der Zerstörung durch den Burgunderherzog Karl den Kühnen folgte im 16. Jh. unter Fürstbischof Erard de la Marck der Wiederaufbau im prachtvollen Stil der Renaissance. Kohlevorkommen und die in ganz Europa berühmten Waffenschmieden sorgten schon im 16. Jh. für einen wirtschaftlichen Aufschwung. Als Ausgangspunkt der technischen Revolution auf dem Kontinent entwickelte sich Lüttich im 18. und 19. Jh. zum bedeutenden Industrierevier und war aufgrund seiner Rüstungsbetriebe in den Weltkriegen heiß umkämpft. Nach dem Niedergang der Eisen- und Stahlindustrie sieht Lüttich heute wirtschaftliche Chancen im Rahmen des EU-Binnenmarkts.

Sehenswürdigkeiten

*Palais des Princes-Evêques ❶

Der Fürstbischöfliche Palast (1526 bis 1538 erbaut) ist der die Stadtsilhouette beherrschende Blickfang auf der Place St.-Lambert. Hinter der neugotischen Fassade verbergen sich zwei mit Arkaden geschmückte Innenhöfe der Frührenaissance.

Place du Marché ❷

Die Nachbildung des mittelalterlichen Gerichtspfahls *(Le Perron)* auf dem 1697 von Jean Delcour geschaffenen Brunnen gilt auf dem Marktplatz als das Symbol städtischer Freiheit und stadteigener Gerichtsbarkeit. Hier steht auch das barocke **Hôtel de Ville,** das Rathaus, mit seinem wappengeschmückten Giebel (1714).

Auf einer Bronzeplatte entdeckt man den Namen Maigret. Monsieur Maigret war ein in den 1930er Jahren mehr als stadtbekannter Polizist, der als Hauptfigur der Kriminalromane des Lütticher Autors Georges Simenon (1903–1989) Unsterblichkeit erlangte.

Karte Seite 49

Musée d'Ansembourg ❸

Das herrschaftliche Haus wurde 1740 für den Bankier Ansembourg in der für Lüttich typischen Architektur erbaut. Seine mit Delfter Kacheln, Stuckdecken und Wandbehängen dekorierten Räume vermitteln einen Eindruck großbürgerlicher Wohnkultur des 18. Jhs. Sehenswert sind die kostbaren geschnitzten Möbel, die Porzellansammlung und die Bibliothek (Féronstrée 114, Di–So 13–18 Uhr).

Lebendig wird es hier am Wochenende, wenn am Kaiabschnitt La Batte der größte **Flohmarkt** Belgiens stattfindet. Mit großer Geste und lautem Gefeilsche wechseln an unzähligen Ständen Kitsch und Kurzwaren, Autozubehör und alte Familienschätze, aber auch fangfrischer Fisch, lebendiges und totes Geflügel, Obst, Gemüse und Blumen ihre Besitzer. Besser lässt sich die Lütticher Lebensart nirgendwo studieren!

- ❶ Palais des Princes-Evêques
- ❷ Place du Marché
- ❸ Musée d'Ansembourg
- ❹ Musée d'Art Wallon
- ❺ St-Barthélémy
- ❻ Zitadelle
- ❼ Minoritenkloster
- ❽ St-Jean
- ❾ Cathédrale St-Paul
- ❿ St-Jacques

Karte Seite 49

Die berühmte romanische Kirche St.-Barthélémy

Musée de l'Art Wallon ❹

Erstes Resultat der kulturellen Großbaustelle am Quai de Maestricht ist das neue Museum für Wallonische Kunst, dessen Ausstellungen mehr als 2500 Gemälde und Hunderte von Skulpturen umfassen (Féronstrée 86, Di–Sa 13–18, So 11–16.30 Uhr).

Bis 2006 soll auch das benachbarte Museum Curtius (Maison Curtius) in frischem Glanz erstrahlen.

St.-Barthélémy ❺ und umliegende Altstadtgassen

Die massive Westseite dieses romanischen Baus an der Place Janson nordöstlich des Marktplatzes mit ihren beiden Türmen ist charakteristisch für den Raum zwischen Rhein und Maas. Das berühmteste Kunstwerk Lüttichs, ein romanisches **Taufbecken (1107 bis 1110), hat hier seinen Platz gefunden. Dem Goldschmied Renier de Huy gelang es, mit dieser Messinggussarbeit an eine im Mittelalter vergessen geglaubte Kunstform der Antike anzuknüpfen und gleichzeitig der Renaissance vorzugreifen.

An der Rue des Brasseurs überrascht ein postmodern gestalteter Innenhof des Lütticher Architekten Charles Vandenhove. Von der Straße En Hors Château verlaufen mehrere schmale Sackgassen wie die Impasse de la Couronne in die ältesten Wohnquartiere der Stadt. Durch eine Privatinitiative konnten die Fachwerkhäuser des früheren Rotlichtviertels zum Teil erhalten und liebevoll restauriert werden. Dadurch wurde eine neue innerstädtische Hinterhofidylle geschaffen.

Zitadelle ❻

Die Treppenstraße Montagne de Bueren endet vor dem Parc de la Citadelle, der die ehemalige Festung, heute ein Krankenhaus, umgibt. Die im Jahr 1891 über der Stadt fertig gestellte und in beiden Weltkriegen stark beschädigte Anlage bietet eine hervorragende Aussicht auf Lüttich und das Maastal.

Minoritenkloster ❼

Die noch bestehenden Gebäudeteile der vorbildlich restaurierten Anlage mit ihrem durch Arkaden vom Innenhof getrennten Kreuzgang wurden im 17. Jh. im maasländischen Renaissancestil errichtet. Hier ist die Sammlung des **Musée de la Vie Wallonne,** des Wallonischen Heimatmuseums, untergebracht (wegen Renovierung bis 2006 geschl.).

St.-Jean (Johanniskirche) ❽

Die unter Bischof Notger um 980 nach dem Vorbild der Aachener Pfalzkapelle erbaute Kirche wurde 1754–1757 unter Beibehaltung des achteckigen Grundrisses vollständig erneuert. Ein Madonnenbild und eine Kreuzigungsgruppe (13. Jh.) sind die kostbarsten Kunstwerke. Der Turm mit einem Glockenspiel stammt aus dem 12. Jh.

Cathédrale St.-Paul ❾

Nach dem Abriss der alten Bischofskirche Lüttichs wurde die im 14./15. Jh. gotisch umgebaute weiträumige ehemalige Stiftskirche aus dem 10. Jh. zur Kathedrale St. Paul erhoben. Zu ihrem ****Kirchenschatz** gehört eine vergoldete Reliquienbüste des hl. Lambert – sie ist ein Sühnegeschenk Karls des Kühnen an jene Stadt, die er zuvor zerstören ließ.

***St.-Jacques (Jakobskirche) ⓫**
Durch ein prächtiges Renaissanceportal und eine romanische Vorhalle betritt man den weiten, von einem filigranen Netzrippengewölbe überspannten gotischen Innenraum von St.-Jacques. Sehenswert sind das Chorgestühl aus dem 14. Jh. sowie die bedeutenden Glasgemälde (16. Jh.).

Am 2. und 4. Sonntag im Monat bietet das Verkehrsamt thematische Stadtführungen auf Deutsch an: 14 Uhr vor dem Verkehrsamt, Dauer 2 1/2 Std. Anmeldung: Tel. 04/221 92 21, www.liege.be

Office de Tourisme,
En Féronstrée 92, 4000 Liège, Tel. 04/221 92 21, Fax 221 92 22, www.liege.be.

Bedford, 36, Quai St-Léonard, Tel. 04/228 81 11, Fax 227 45 75, www.horest.be. Stilvolle Unterkunft in ehemaligem Kloster. ❍❍❍
La Passerelle, La Passerelle , Chaussee des Près 24, Tel. 04/341 20 20, Fax 344 36 43. Freundliches kleines Haus am östlichen Meuse-Ufer (Höhe des Flohmarkts La Batte). ❍❍

Mame vi Cou, 9, rue de la Wache, Tel. 223 71 81. Bodenständige regionale Küche, große Portionen und rustikaler Flair. ❍❍
L'Oeuf au Plat, 30, quai de la Batte, Tel. 04/222 40 32. Originelles Lokal mit pfiffigen Eierspeisen und nahrhaften Fondues. ❍

Tour 1

Vielfältige Naturerlebnisse

Eupen → Malmédy → *Namur → Hasselt → *Tongeren → Visé → Eupen (405 km)

Die Rundfahrt durch den Ostteil Belgiens macht mit einigen markanten Landschaftsformen bekannt: In den deutschsprachigen Ostkantonen liegt die fremdartig anmutende Hochmoorlandschaft des Hohen Venn, im malerischen Tal der Maas kommt man in kleine, bedeutende Kunststädte, die den längeren Besuch lohnen. Im blühenden Limburg reihen sich verträumte Städtchen aneinander, die einen eigenen, noch weitgehend unentdeckten Charme besitzen.

Drei Tage sind nicht zu viel für die Tour, die mit Wanderungen und Höhlenbesichtigungen ein reichhaltiges Programm bietet.

Eupen ❶

Die Kreis- und Industriestadt (19 000 Einw.) 18 km südlich von Aachen gehört zum deutschsprachigen Teil Belgiens und ist Sitz der Verwaltung der deutschen Bevölkerungsgruppe. Im 17./18. Jh. entwickelte sich in Eupen eine erfolgreiche Tuchmanufaktur. Sie brachte der Stadt Wohlstand, der sich noch an den Patrizierhäusern ablesen lässt. Außer ihnen hat nur die Kirche **St.-Nicolas** mit schönen Barockaltären die Bombardierung der beiden Weltkriege überstanden.

1 Karte Seite 55

1
Karte
Seite
55

Tourist Information, Marktplatz 7, 4700 Eupen, Tel. 0 87/55 34 50, Fax 55 66 39.

Eupen und Malmédy liegen am Rande des **Naturparks Hohes Venn** *(Hautes Fagnes)*, einem Teil des Deutsch-Belgischen Naturparks (2400 km²). Die seltene Flora und Fauna sind streng geschützt, nicht immer sind daher alle Teile des Naturparks zugänglich (Info: www.naturpark-hohesvenn-eifel.de).

Richtung Malmédy erreicht man 14 km hinter Eupen die **Baraque Michel** (675 m), eine geodätische Station mit Restaurant, Ausgangsort eines Naturlehrpfades durch ein ehemaliges Torfstichgebiet.

Ostkantone

Eupen und Malmédy, diese Namen rufen Erinnerungen an die beiden Weltkriege wach. Über hundert Jahre lang waren die belgischen Ostkantone ein Zankapfel der europäischen Großmächte. 1815 den Preußen zugesprochen, nach dem Ersten Weltkrieg dem belgischen Staatsgebiet zurückgegeben und 1940 dem Deutschen Reich eingegliedert, litten die Bewohner von Eupen, Malmédy und St. Vith unter den Bombardements des Zweiten Weltkrieges. Als Folge dieser Ereignisse normalisierte sich die Situation der deutschsprachigen Belgier im Land erst spät. Heute genießen sie weitgehende Autonomie in kulturellen Fragen. Der belgische König hält einen Teil seiner traditionellen Neujahrsansprache auf Deutsch.

Malmédy ❷

Inmitten der Hügellandschaft der Ardennen liegt am Ufer der Warche der malerische Ferienort (11 000 Einw.). Die Stadt litt schwer unter den Kriegen, zuletzt wurde sie während der Ardennenoffensive 1944 schwer beschädigt. Die barocke **Kathedrale** (18. Jh.) allein ist einen Besuch wert.

Ancienne Abbaye, 10, pl. du Châtelet, 4960 Malmédy, Tel. 0 80/33 02 50, Fax 77 04 36.

Maison Geron, 4, route de la Ferme Libert, Tel. 080/33 00 06 Fax 77 03 17, www.geron.be. Charmantes Herrenhaus mit Park und freundlichem Service. ❍❍

Trôs Marets, 2, route de Trôs Marets, Tel. 0 80/33 79 17, Fax 33 79 10, www.trosmarets.be. Schönes Landhaus mit allen Annehmlichkeiten. ❍❍❍

Ferme Libert in Bévercé-Village Nr. 26, Tel. 33 02 47. Schönes Landgasthaus mit guter Küche (Wildspezialitäten). ❍❍❍

Die besten Fritten mit 17 Soßen zur Auswahl bietet die Imbissstube **l'Ange Gourmand** an.

*Stavelot ❸

Als Karnevalshochburg in den Ardennen ist das malerische Städtchen (5800 Einw.) die Heimat der *Blancs Moussis*, skurriler Gestalten in weißen Kapuzenmänteln, die sich am 3. Sonntag vor Ostern (Laetare) zu einer fröhlich lärmenden Parade versammeln.

Die barocke Kirche St.-Nicolas in Eupen

1
Karte Seite 55

Das Kasino im Thermalbad Spa wurde gegen Ende des 19. Jhs. gebaut

Seinen Ursprung hat der Brauch in der altehrwürdigen Abtei aus dem 16. Jh. Es war einmal ein Zentrum klösterlicher Kultur und beherbergt nun einen abwechslungsreichen Museumskomplex sowie den Kirchenschatz von **St.-Sébastian** (18. Jh.) mit dem prächtig verzierten Reliquienschrein des hl. Remaclus (13. Jh.). Die Abtei ist heute ein Museum. Sie bietet ein ehrgeiziges Veranstaltungsprogramm an. (Tel. 0 80/88 07 78, www.abbayedestavelot.be).

★ Die Motorsportfreunde tauchen im **Musée Spa-Francorchamps** in die Welt der nahen Motorradrennstrecke ein. Zu besichtigen sind hier heiße getunte Motorräder und so mancher der PS-starken Boliden. In der Abtei Stavelot, Di–So 10–18 Uhr. Grand-Prix-Info: www.spa-francorchamps.be.

Großes Feuer

Grand Feux oder auch Burgbrennen heißt in der Wallonie und den Ostkantonen der Brauch, am Ende der Fastnacht den Winter zu vertreiben. Symbolfiguren werden verbrannt – und danach der Frühling mit einem großen Feuer begrüßt.

Thermalbad Spa ❹

Die Kurstadt (9700 Einw.) lebt vom guten Ruf ihrer Mineralquellen. Von einstiger Pracht und königlichen Kurgästen – Zar Peter der Große und Kaiser Wilhelm II. weilten in der Glanzzeit im 18. Jh. hier – zeugen heute noch die Bauten aus dem 19. Jh., v. a. der Kursaal samt Kasino.

Spa ist ein guter Ausgangspunkt für Wanderungen in den Ardennen.

i **Verkehrsamt,** 41, pl. Royale, 4900 Spa, Tel. 0 87/79 53 53, www.spa-info.be.

La Heid des Pairs, 143, av. Prof.-Henri-Jean, Tel. 0 87/77 43 46, Fax 77 06 44, www.laheid.be. Das luxuriöse Haus liegt in einem wunderschönen Park. ○○○

▮ **Le Relais,** 22, pl. du Monument, Tel. 0 87/77 11 08, Fax 77 25 93, www.hotelrelais-spa.be. 11 Zimmer, Zentral gelegen, gutes Restaurant. ○

1 Karte Seite 55

L'Auberge et sa Résidence, 3–4, pl. du Monument, Tel. 77 44 10. Französische Küche. ❍❍

Sougné-Remouchamps ❺

Der Ferienort (8500 Einw.) im Tal der Amblève besitzt eine spektakuläre ***Tropfsteinhöhle.** Im Eingang suchten die Menschen in vorgeschichtlicher Zeit Unterschlupf. Der Abstieg zum **Rubicon,** dem unterirdischen Nebenfluss der Amblève, führt unter angestrahlten Stalaktiten hindurch. Mit dem Boot fährt man zurück.

Tal der Maas

Über Esneux im Tal der Ourthe erreicht man das **Tal der Maas** *(Meuse)*. Dieser große europäische Fluss entspringt in Ostfrankreich und bildet fast 1000 km später in den Niederlanden mit dem Rhein eine gewaltige Deltamündung. Er spielte für Verkehr und Handel stets eine wichtige Rolle. An seinen Ufern fanden sich Spuren früher Besiedlung.

Amay ❻ und Schloss Jehay

Bei Umbauten der romanischen Pfarrkirche St.-Georges von **Amay** (12 500 Einw.) wurden prächtige Funde aus merowingischer Zeit gemacht, u. a. der Sarkophag der hl. Chrodoara. Im linken Querschiff steht ein wundervoller Reliquienschrein (13. Jh.).

Hinter der Kirche führt eine Nebenstraße parallel zur Meuse zum Wasserschloss **Jehay** aus dem 16. Jh. Die romantische Anlage besitzt einen Skulpturengarten mit Elfen und Najaden. Sie erhielt ihr heutiges Aussehen im 16. Jh. (Sa/So 11–18 Uhr, Juli–Aug. auch Di–Fr 14–18 Uhr).

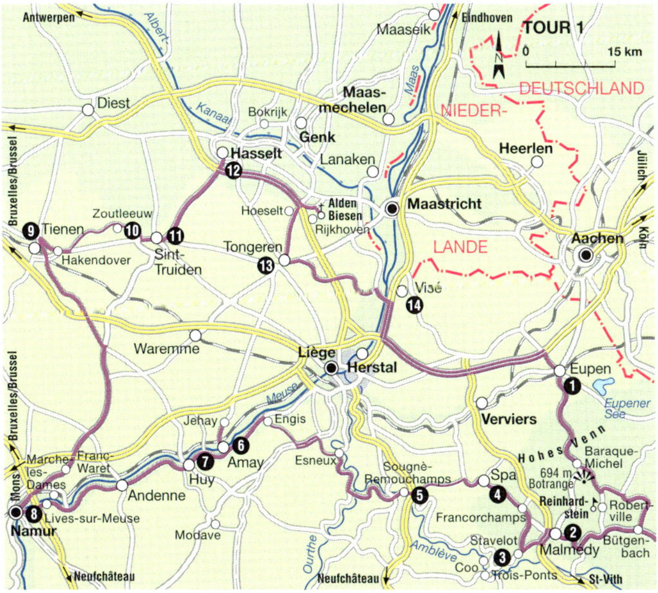

1
Karte Seite 55

*Huy 7

Seit dem 7. Jh. pflegt die Stadt Huy (fläm. *Hoei;* 17 000 Einw.) die Tradition der Zinngießerei. Peter der Einsiedler rief hier 1095 zum Ersten Kreuzzug auf, später wurde er im Kloster Neufmoustier begraben. Huy rühmt sich zudem aufgrund einer Urkunde aus dem Jahr 1066 der ältesten freiheitlichen Verfassung Europas.

Die Stiftskirche **Notre-Dame** aus dem 14./15. Jh. mit ihrer romanischen Krypta gilt als der wichtigste hochgotische Bau Belgiens. Berühmt sind besonders die mächtige Fensterrosette, im einheimischen Dialekt »Li Rondia« genannt, mit 9 m Durchmesser, das Bethlehem-Portal (14. Jh.) und der Kirchenschatz mit vier einzigartigen Reliquienschreinen (12./13. Jh.). Die originalen Fenster der beeindruckenden Kirche wurden 1944 leider zerstört.

Auf der **Grand' Place** steht vor dem Rathaus der Brunnen Li Bassinia (18. Jh.), bei dessen Bau man ältere Bronzefiguren wieder verwendete. Im **Gemeindemuseum** (früher Franziskanerkloster, 17. Jh.) werden Sammlungen zur Lokalgeschichte gezeigt, wie der gotische Beau Dieu de Huy.

Die **Zitadelle** (19. Jh.; auch per Seilbahn erreichbar), das ehemalige Staatsgefängnis war im Zweiten Weltkrieg Durchgangslager für Menschen, die das Nazi-Regime als »unwertes Leben« einstufte und zur Ermordung in die Gaskammern schickte (kleines Résistance-Museum).

Office de Tourisme, 1, quai de Namur, 4500 Huy, Tel. 0 85/ 21 29 15, Fax 23 29 44. www.huy.be

Du Fort, 6, Chaussée Napoléon, Tel. 0 85/21 24 03, Fax 23 18 42, www.huy.net/hoteldufort. Einfach, gut geführt. Unterhalb der Festung. ❍

Li Cwerneu, 2, Grand'Place, Tel. 25 55 55. Stilvolles Ambiente und originelle Küche. ❍❍

Ein Abstecher ans andere Meuse-Ufer nach **Marche-les-Dames,** einer Zisterzienserinnenabtei aus dem 12. Jh., empfiehlt sich 9 km hinter Andenne. Eine Gedenktafel am Felsen erinnert an den Tod König Alberts I. im Jahr 1934, der hier bei einer Klettertour abstürzte.

*Namur 8

Die Hauptstadt (105 000 Einw.) der Provinz Namur wurde während der Römerzeit am strategisch wichtigen Zusammenfluss von Sambre und Meuse gegründet und war häufig Schauplatz von Kriegen. Relikt dieser Zeit ist die **Zitadelle** hoch über der Stadt, die einen wunderschönen Ausblick bietet. Sehenswert sind zudem die klassizistische Kathedrale **St.-Aubain** und die Barockkirche **St.-Loup,** die früher zu einem Jesuitenkolleg gehörte.

Das **Diözesanmuseum** *(Musée Diocésain et Trésor)* neben der Kathedrale lohnt wegen seiner Kunstschätze (11.–13. Jh.) und seiner Sammlung seltener Gläser einen Besuch. Ein weiterer musealer Höhepunkt ist die Besichtigung des **Institut des Sœurs de Notre-Dame** (17, rue Julie-Billiart) mit herrlichen Goldschmiede- und Nielloarbeiten von Hugo d'Oignies (13. Jh.). In der ehemaligen Fleischhalle aus dem 16. Jh. ist das **Musée Archéologique** mit einer Sammlung merowingischer Kleinkunst und diversen archäologischen Funden untergebracht.

Office de Tourisme, Square de l'Europe Unie, 5000 Namur, Tel. 0 81/24 64 49, Fax 24 71 28, www.ville.namur.be

Château de Namur, 1, av. Ermitage, Tel./Fax 0 81/72 99 00, www.chateaudenamur.com. Repräsentatives Schlosshotel im Schatten der Zitadelle, angehende Hotelfachleute lernen hier ihr Handwerk. ❍❍❍

New Hotel de Lives, 1178, Chaussée de Liège, Tel. 0 81/58 05 13, www.newhoteldelives.com Familiär geführtes Hotel in einem ehemaligen Herrenhaus. 20 angenehme Zimmer. ❍❍

La Bergerie, 5101 Lives sur-Meuse, 100, rue Mosanville, Tel. 58 06 13. Köstlich speisen in romantischem Park; Lammspezialitäten. ❍❍❍

La Petite Fugue, 5, pl. Chanoine-Descamps, Namur, Tel.23 13 20. Sehr gute französische Küche zu annehmbaren Preisen. ❍❍

Die Tour verlässt nun die hügelige Landschaft Ostbelgiens, wendet sich nach Norden und führt durch plattes Land mit sehr stimmungsvollen Städtchen, deren Charme noch weitgehend unentdeckt ist.

Tienen ❾

Das hübsche Tienen (frz. *Tirlemont;* 31 000 Einw.) im lößbedeckten Ackerland des Haspengaus ist bekannt als Zentrum der Zuckerproduktion und -verarbeitung. Direkt am Grote Markt liegt die **Onze-Lieve-Vrouw-ten-Poelkerk,** ein Bau im Stil der Brabanter Gotik, der jedoch bis auf den Chor, das Querschiff und den eleganten Turm nie vollendet wurde. Das großartige Portal von Jean d'Orsay (1360) wirkt wie ein hinzugefügter Fremdkörper. Die Madonnenfigur, die früher die Mitte des Tympanons einnahm, befindet sich jetzt über dem Hauptaltar.

Namur: Blick von der Zitadelle

Das städtische **Museum** im ehemaligen Gefängnis (16. Jh.) zeigt Keramik- und Goldschmiedearbeiten.

Am **Wolmarkt** verdienen die Renaissancehäuser (Nr. 19 und Nr. 21) Beachtung. In der **St.-Germanuskerk** nahe dem Veemarkt mit ihrem mächtigen Turm im Renaissancestil werden Glockenspielkonzerte veranstaltet (Juli/Aug. Mi vormittags). Der gotische Chor und das Kirchenschiff entstanden aber im 14. und 15. Jh.

Zoutleeuw ❿

Einen Besuch des verträumten Städtchens (frz. *Léau;* 8000 Einw.) darf man nicht versäumen. Das Schmuckstück des Ortes ist die **St.-Leonardskerk** (13.–16. Jh.), die einzige Kirche Belgiens, die von den Bilderstürmern und der Französischen Revolution verschont blieb. Interessantester Teil der Innenausstattung ist das 18 m hohe Tabernakel aus der Renaissance (nur nachmittags bis 17 Uhr; Mo geschl.).

1 Karte Seite 55

1 Karte Seite 55

Sint-Truiden ⓫

Jeden Donnerstag zieht die Kleinstadt (frz. *Saint-Trond;* 35 000 Einw.) 35 km nordwestlich von Lüttich die Landwirte der Umgebung an, die zum Viehmarkt strömen (6–9 Uhr). Mittelpunkt ist der **Grote Markt** mit seinen hübschen Giebelhäusern.

Die Stadtsilhouette wird von drei Türmen geprägt: dem romanischen Glockenturm der ehemals mächtigen **Benediktinerabtei** Sint-Truiden, dem gotischen Turm der **Liebfrauenkirche** und dem **Belfried** (17. Jh.; Glockenspiel). Lediglich die Ausmaße der Sakralbauten dieser Stadt lassen heute noch Rückschlüsse auf die einstige Bedeutung der Benediktinerabtei für das wirtschaftliche und kulturelle Leben in diesem Gebiet zu.

Etwa 15 Gehminuten vom Zentrum liegt im Stadtteil Schurhoven der **Beginenhof** *(Begijnhof),* in den sich früher fromme adlige Damen für ihren Lebensabend einkauften. Die Kirche und das angeschlossene Museum (April–Okt. tgl.) sind Schatzkästchen sakraler Kunst mit bemerkenswerten gotischen Wandmalereien. Sehenswert ist die astronomische Uhr (1942) im Nebengebäude.

i **Stadhuis,** Grote Markt 68, 3800 Sint-Truiden, Tel. 0 11/70 18 18, Fax 70 18 20, www.sint-truiden.be

Hasselt ⓬

Die Provinzhauptstadt Limburgs (67 500 Einw.) ist das überregional bedeutende Geschäftszentrum, das im Süden an Felder und Obstgärten grenzt. Am Grote Markt steht eine Reihe prächtiger Fachwerkhäuser aus dem 16. Jh. und ganz in der Nähe die gotische **St.-Quentinkerk** mit ihrem gedrungenen Turm (13. Jh.).

In der nahen **Onze-Lieve-Vrouwekerk** (18. Jh.) verdienen die Marmorskulpturen und der Hauptaltar von Jean Delcour (17./18. Jh.) sowie die Madonnenfigur im Chor Beachtung. Die Madonna wird alle sieben Jahre (das nächste Mal Aug 2010) bei einer Prozession durch die Stadt getragen.

Gemeinsam mit Experten aus der japanischen Partnerstadt Itami ließen die Hasseler Stadtväter im **Kapermaolenpark** den größten Japanischen Garten Europas anlegen.

Etwas nördlich von Hasselt lockt das Freilichtmuseum der **Domäne Bokrijk** mit rekonstruierten Dörfern, und Höfen sowie Mühlen, Werkstätten und Scheunen; angeschlossen ist ein kleiner Tierpark (ganzjährig geöffnet; www. limburg.be/bokrijk).

i **Dienst voor Toerisme,** Lombaardstraat 3, 3500 Hasselt, Tel. 0 11/23 95 40, Fax 22 50 23, www.hasselt.be

Alden Biesen, der ehemalige Sitz des Deutschordens, lohnt einen Abstecher ins Grenzgebiet zu den Niederlanden. Der aufwändig restaurierte Gebäudekomplex lässt die einst herausragende Bedeutung des Ordens erahnen.

Genevermuseum

Im Nationalen Genevermuseum von Hasselt lässt sich die Geschichte des hochprozentigen Kornbranntweins mit Wacholderaroma mit allen Sinnen erleben (Witte Nonnenstraat 19, April–Okt. Di–So 10–17 Uhr, Jan. geschl.; Tel. 0 11/24 11 44).

1 Karte Seite 55

Domäne Bokrijk

*Tongeren ⓭

Neben Tournai ist Tongeren (frz. *Tongres;* 30 000 Einw.), der Sitz der Bezirksverwaltung des Haspengaus, die älteste Stadt Belgiens. Vor der **Onze-Lieve-Vrouwebasiliek** (Liebfrauenbasilika) protzt auf dem Grote Markt des ländlichen Ortes ein Denkmal des Eburonenfürsten Ambiorix. Dargestellt wird der kraftstrotzende Fürst, wie er sich 54 v. Chr. den Legionären Cäsars entgegenstellte. Die gotische Basilika dahinter befindet sich an der Stelle eines frühen Marienheiligtums (4. Jh.); ihr Fassadenturm mit dem Glockenspiel blieb unvollendet. Im Innenraum der Basilika gibt es herrliche »Dinanderien« (s. S. 19; Osterleuchter und Adlerpult, 14. Jh.), einen Antwerpener Schnitzaltar (16. Jh.) aus der Gotik und die farbig gefasste Holzstatue »Unserer Lieben Frau von Tongeren« (16. Jh.).

Der Kirchenschatz besteht aus einer wertvollen Sammlung sakraler Kunst. Prunkstücke sind Elfenbeinarbeiten, merowingischer Schmuck, kunstvoll gearbeitete Reliquienschreine und Kultgeräte aus der Zeit ab dem 6. Jh. Besonders auffällig ist ein großer Christuskopf (11. Jh.) mit befremdlichem, fast verächtlichem Gesichtsausdruck. An die Basilika schließt sich der romanische Kreuzgang an.

Turm der Onze-Lieve-Vrouwebasiliek in Tongeren

Der **Römerturm,** Teil der römischen Stadtbefestigung, stammt aus der römischen Antike. Das **Gallo-Römische Museum** im modernen Bau gegenüber der Basilika präsentiert 2000 Jahre Stadtgeschichte anhand einer großen Sammlung archäologischer Fundstücke vor allem aus der Römerzeit. Man verfolgte das Ziel, nicht die Ausstellungsstücke, sondern den Besucher in den Mittelpunkt der Erkundung zu stellen (geöffnet Sa, So 10–18, Mo 12–17, Di–Fr 9–17 Uhr).

Etwas außerhalb von Tongeren, beim Bilzensteenweg, sind Reste der römischen Stadtmauern erhalten. Der **Begijnhof** wurde im 13. Jh. gegründet. Zentrum der Anlage ist die gotische Begijnkerk.

★ Ein wichtiger Termin für Blumenfreunde sind die **Rosentage von Schloss Hex** bei Tongeren. Dort kann man Mitte Juni seltene Rosenarten aus dem 18. Jh. in voller Blüte bewundern (tgl. Juni–Sept.; Tel. 0 12/74 73 41; www.hex.be).

1
Karte Seite 55

Farbenfroh und typisch

i Stadhuisplein 9, 3700 Tongeren, Tel. 0 12/39 02 55, Fax 39 11 43, www.tongeren.be

Biessenhuys, Hemelingenstraat 23, Tel. 012/23 47 09; www.Biessenhuys.com.
Das edle Restaurant wurde in einem alten Bürgerhaus mit schönem Garten eingerichtet. ❍❍

Visé ⓮

Der Ort (flämisch *Wézet;* 16 000 Einw.) am Ufer der Maas nahe der niederländischen Grenze wurde 1914 von deutschen Truppen geplündert und in Brand gesteckt. Heute ist Visé ein beliebter Ferienort für Wassersportler.

Eine kunsthistorische Rarität ist der Reliquienschrein (12. Jh.) in der Kirche **St.-Martin.** Es ist das älteste Reliquiar der gesamten Maasregion und birgt die Gebeine des hl. Hadelinus. Das Meisterwerk entstand in der Abtei Celles (s. S. 66) bei Dinant.

Bis Eupen, dem Ausgangspunkt der Rundfahrt, sind es noch 35 km.

Tour 2

Wege zu versteckten Schätzen

Rundfahrt durch die Ardennen (415 km)

Die Ardennen sind ein flachwelliges Hochland, dessen Wildreichtum schon die Römer zu schätzen wussten. Auch wenn nur mittlere Höhen von 200 bis 500 Metern gemessen werden, bieten sie sich als ideales Wandergebiet an. Den Städten in den tief eingeschnittenen Flusstälern mit ihren typischen Steinhäusern sieht man es kaum an, dass sie fast alle nach dem Zweiten Weltkrieg wieder aufgebaut werden mussten. Heute nehmen sie Besucher freundlich auf: Wandern, Rad fahren, baden, Kajak fahren – die Ardennen sind ein idealer Ort für den Familienurlaub oder für ein verlängertes Wochenende. Die große Zahl an Kunstschätzen ermöglicht die Zusammenstellung einer abwechslungsreichen Rundfahrt, für die man in Anbetracht der vielen unterwegs versteckten Schätze drei bis vier Tage einplanen sollte.

Vom Ausgangspunkt Namur (s. S. 56) fährt man die ersten 22 km in südlicher Richtung auf der Autobahn A 4 in Richtung Arlon und erreicht Spontin.

Spontin ⓯

Der Ort im Flusstal des Bocq ist für seine Mineralquellen und die **Burg** bekannt. Die mittelalterliche Bilderbuch-Festung (12.–19. Jh.) liegt tief im Tal, mitten im aufgestauten Flüsschen. Die

Über die alten Gassen von La-Roche-en-Ardenne wacht die ehemalige Festung

2 Karte Seite 62

älteste bis heute ganzjährig bewohnte Burg Belgiens gilt als Paradebeispiel früher Festungsarchitektur, an der die verschiedenen baulichen Veränderungen von der Gotik bis hin zur Renaissance nachvollziehbar sind.

Teile der Burg können im Rahmen einer Führung besichtigt werden, bei der auch die wertvollen Kunst-, Porzellan- und Fayencensammlungen zu sehen sind.

**Durbuy ⑯

Der malerische Ort an einer Schleife der Ourthe ist römischen Ursprungs und erfreut seine vielen Besucher während des Sommers mit farbenprächtigen Blumenbeeten und kulinarischen Überraschungen. Schon seit dem 10. Jh. ist hier eine Festung belegt; 1331 wurden dem Ort die Stadtrechte verliehen. Bei einem Bummel durch den Ort kann man Reste der Verteidigungsanlagen, Häuser aus dem 17. und 18. Jh. sowie das **Schloss** (17. Jh.) mit seinem kleinen Jagdmuseum kennen lernen.

Bureau de Tourisme, 25, Place aux Foires, 6940 Durbuy, Tel. 0 86/21 24 28, www.durbuyinfo.be.

Beim **Flusskrebsfestival** von Mitte Juni bis Mitte Juli kommen in den Restaurants von Durbuy die feinen Flusskrebse aus der Ourthe auf den Tisch.

Von Durbuy folgt die Tour der N 833 nach Hotton. Hier lockt eine der vielen Tropfsteinhöhlen der Ardennen, die märchenhafte **Grotte des Mille et Une Nuits** (»Grotte aus 1001 Nacht«), zugänglich April bis Okt. 10–17, Juli/Aug. 10–18 Uhr

La-Roche-en-Ardenne ⑰

Der Ort duckt sich an einer Flussschleife der Ourthe malerisch unter seiner gewaltigen **Burg** (Zugang über eine Treppe gegenüber dem Rathaus).

In der Umgebung erlauben einige Aussichtspunkte den weiten Blick in das gewundene Tal der Ourthe (Le Hérou, Belvédère de six Ourthe).

2 Karte Seite 62

15, pl. du Marché, 6980 La Roche-en-Ardenne, Tel. 0 84/35 77 36, Fax 36 78 36.

Kajakfahrten auf der Ourthe inklusive Rücktransport: Ardenne Aventures, 1, rue du Hadja, Tel. 0 84/41 19 00, www.ardenne-aventures.be

Linchet, 11, route de Houffalize, Tel. 0 84/41 13 27, Fax 41 12 23. Etwas außerhalb, ruhige Lage . ○○○
▮ **La Claire Fontaine,** 64, route de Hotton, Tel. 0 84/41 24 70, www.clairefontaine.be. Moderne Zimmer, schöner Garten am Flussufer. ○○

Du Midi, 6, rue Beausaint, Tel. 41 22 38. Feinste Regionalküche, vor allem Wild. ○○

Bastogne ⑱

Die Wehranlage der kleinen Stadt (11 700 Einw.) unweit der Grenze zu Luxemburg ließ der Sonnenkönig Louis XIV 1688 bis auf die **Porte de**

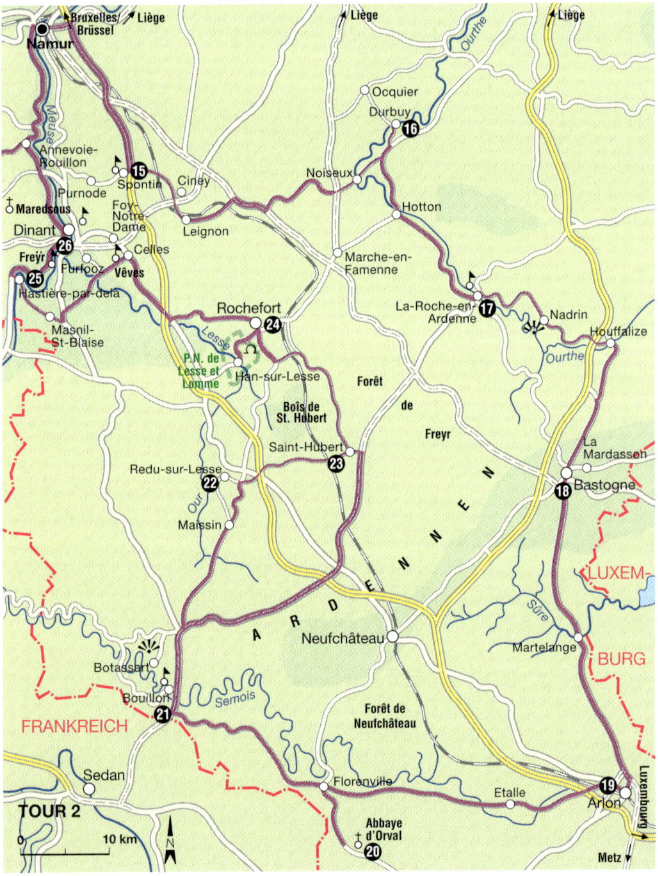

Beeindruckend sind die Ruinen der Abbaye d'Orval

2
Karte Seite 62

Trèves (Trierer Tor) schleifen. Im Zweiten Weltkrieg war der Ort von der Ardennenoffensive betroffen. Von diesem strategisch wichtigen Punkt aus koordinierten die Amerikaner um Weihnachten 1944 ihre Angriffe.

Östlich von Bastogne liegt bei **La Mardasson** auf einem Hügel die sternförmige Gedenkstätte für die 77 000 amerikanischen Soldaten, die in der Ardennenschlacht fielen. Die Krypta schmücken Mosaiken von Fernand Léger. Auf dem Soldatenfriedhof **Recogne** ruhen die 6800 deutschen Gefallenen dieser Schlacht.

Arlon ⑲

Die alte Hauptstadt (22 000 Einw.) der Provinz Luxemburg im äußersten Südosten Belgiens liegt auf einem Hügel über der Quelle der Semois. Kelten, Römer, Merowinger – alle hinterließen hier ihre Spuren. Die Sammlungen des **Musée Luxembourgeois** zeichnen ein Bild vom kulturellen Leben dieser Völker (tgl. 9–12 und 14–17 Uhr).

Zu den Sehenswürdigkeiten zählen der **römische Turm** an der Grand'Place mit einem Neptunrelief (Zugang über eine Metalltreppe) und die Ruinen der römischen **Thermen** (4. Jh.) beim alten Friedhof. Hier sind die Reste der ältesten christlichen Kirche Belgiens aus dem 5. Jh. zu sehen.

7 *Abbaye d'Orval ⑳

Bei Florenville im Tal der Semois bietet sich ein Abstecher nach Orval an. Der Ortsname steht für ein sehr gutes Bier und einen beliebten Käse, aber auch für eine der berühmtesten Zisterzienserabteien des Landes. Im 11. Jh. siedelten sich hier Benediktinermönche aus Kalabrien an. 1132 schickte der hl. Bernhard Zisterziensermönche aus Trois-Fontaines in der Champagne in diese Waldeinsamkeit. Im Lauf der Zeit entwickelte sich Orval zu einem der reichsten und berühmtesten Klöster des Ordens in Europa. Während der Französischen Revolution wurde es ausgeraubt und in Brand gesteckt; danach wechselte es mehrmals den Besitzer, bis die Ruinen 1926 an französische Trappisten zurückgegeben wurden. 1946 war der Klosterneubau abgeschlossen. Die Besichtigung der imposanten Ruinen dauert etwa eine Stunde. Man sollte zuvor den Film über das Leben der Mönche ansehen (tgl. 9.30–18.30 Uhr, www.orval.be).

Ein Rundweg führt nun zu den mittelalterlichen Ruinen der **Liebfrauenkirche,** dem Kreuzgang und dem gut erhaltenen Kapitelsaal. Von den kunstvoll gearbeiteten Kapitellen sind nur wenige Teile übrig geblieben. Im Kirchenchor befindet sich das Grab (1354) des Wenzeslaus, des ersten Herzogs von Luxemburg.

2 Karte Seite 62

**Bouillon ㉑

Im reizvollen Tal der Semois liegt auf halber Wegstrecke Bouillon. Überragt wird das Städtchen von der einst mächtigen ****Burg** des Gottfried von Bouillon (1061–1100), der sie zur Finanzierung seiner kostspieligen Teilnahme am Ersten Kreuzzug ins Heilige Land an den Bischof von Lüttich verkaufte. Er nahm 1099 Jerusalem ein und herrschte unter dem Titel »Beschützer des Heiligen Grabes« über die Stadt – bis zu seinem plötzlichen Tod ein Jahr später.

Um den Besitz seines Anwesens in Bouillon kam es immer wieder zu Querelen: So belagerte Karl V. die Burg, Mazarin suchte hinter ihren Mauern Schutz, und schließlich wurde sie von Louis XIV. von Frankreich zur Garnison umfunktioniert. Als letzter Prominenter flüchtete sich 1870 nach der unglücklichen Schlacht von Sedan Napoléon III. in den Ort.

Die Burg gilt als eindrucksvollstes Beispiel mittelalterlicher Festungsarchitektur in Belgien. Ursprünglich war sie über drei Zugbrücken zugänglich. Der Rundgang führt zunächst in einen riesigen Raum aus dem 12. Jh. und dann in den aus dem Fels gehauenen Saal »Godefroy de Bouillon«. Auf dem im Boden eingelassenen Kreuz legten die mitteralterlichen Kreuzfahrer ihr Gelöbnis ab. Von der Aussichtsplattform der **Tour d'Autriche,** die im 16. Jh. restauriert wurde, bietet sich ein umfassender Blick über die Anlage, die Flussschleife der Semois und das Städtchen. Ergänzend zur Burg lohnt sich der Besuch des **Musée Ducal,** das in einem Haus aus dem 18. Jh. untergebracht ist.

Hôtel de la Poste, 1, pl. St.-Arnould, Tel. 0 61/46 51 51, www.hotelposte.be. Wunderschönes, zentral gelegenes Haus; Tradition und modernes Design. OOO

Redu-sur-Lesse ㉒

Das kleine Dorf der Bücher, ist Bibliophilen aus aller Welt einen Abstecher in die Ardennen wert. Deutsche Literatur findet man u. a. in den Geschäften La Forge, de Griffel und De Boekenworm. Jeweils am ersten Samstag im August findet die »Nacht des Buches« statt (s. S. 11; www.redu.info).

Saint-Hubert ㉓

Inmitten ausgedehnter Wälder liegt Saint-Hubert (5500 Einw.), das sich um die namensgebende Hubertuskirche gruppiert. Der Legende nach soll Hubert, der spätere Bischof von Lüttich, am hl. Karfreitag des Jahres 683 ein Prachtexemplar von einem Hirschen gejagt haben. Bevor er auf das Tier anlegte, erstrahlte im Geweih ein leuchtendes Kreuz. Eine Stimme forderte Hubert auf, von seiner Jagdleidenschaft abzulassen und sein Leben der Verbreitung des jungen Christentums zu widmen. Er gehorch-

Sarkophag im Kloster St-Hubert

te und wurde später heilig gesprochen. Im gleichnamigen **Museum** wird die Legende von Hubert nacherzählt (13, Place du Marché, tgl. 10–17 Uhr).

Die spätgotische Kirche gehört zu einem im 7. Jh. gegründeten **Benediktinerkloster,** in das im 9. Jh. die Gebeine des Heiligen überführt wurden. Nach einem Großbrand (16. Jh.) wurde sie über romanischen Fundamenten als fünfschiffige Kirche mit Chorumgang und Apsidialkapellen wieder aufgebaut. Die barocke Verblendung der Westfassade erfolgte im 18. Jh. Das Backsteingewölbe stammt aus dem 17. Jh. In der Schatzkammer *(Trésor)* werden Stola, Bischofsstab und Jagdhorn des Heiligen sowie ein Messgewand von Karl dem Großen ausgestellt.

Office de Tourisme, Palais Abbatial, Place de l'Abbaye, 6870 St.-Hubert, Tel. 0 61/61 30 10.

Le Clos St.-Michel, 46, rue St.-Michel, Tel. 0 61/61 25 59. In dem exquisiten Lokal mit Terrasse und Garten wird feinste Kochkunst geboten. Zu den Spezialitäten des Hauses zählen die Fischgerichte. ○○○

Alljährlich am ersten Wochenende im September wird das **Hubertusfest** gefeiert; am 3. November findet die pompöse **Sankt-Hubertus-Prozession** statt.

Rochefort ㉔

Am Rand des Nationalparks, zwischen den Flüssen Lesse und Lomme, liegt der hübsche kleine Urlaubs- und Ausflugsort Rochefort (11 000 Einw.). Den belgischen Bierkennern ist er durch das in der Abtei St-Remy gebraute Trappistenbier der Marke »Rochefort« vertraut. Die Tropfsteinhöhlen **Grottes de Rochefort** beeindrucken mit der gewaltigen »Salle du Sabbat«.

Grotte von Han

Weitaus bekannter und daher auch überlaufener ist die Höhle von ***Han-sur-Lesse.** Die gigantische Tropfsteinhöhle ist über 10 km lang und kann zu einem Drittel besichtigt werden. In der 12 °C kühlen und sehr feuchten Höhle suchten Menschen bereits seit der Jungsteinzeit Schutz vor Gefahren. Im **Musée du Monde Souterrain** sind Ergebnisse der Höhlenforschung und Fundstücke von der Merowingerzeit bis heute ausgestellt.

Höhepunkt der ca. zweistündigen Besichtigungstour ist der 129 m hohe Kuppelsaal **Salle du Dôme** mit einer abschließenden kurzen Bootsfahrt auf der Lesse (Zugang zur Höhle mit der Elektrobahn im Ortszentrum, Eintrittskarten im »Accueil«; www.grottedehan.be).

Oberhalb der Tropfsteinhöhle erstreckt sich der 250 ha große **Freizeit- und Wildtierpark,** in dem Nachzüchtungen von Bisons, Tarpanen (kleine Wildpferde) und Auerochsen leben.

2 Karte Seite 62

2
Karte Seite 62

i **Office de Tourisme,** 5,rue de Behogne, 5580 Rochefort, Tel. 0 84/34 51 72, www.valdelesse.be.

Parc National de Lesse et Lomme

Celles ist eine Gründung des hl. Remaclus. Die romanische Eglise St.-Hadelin (11. Jh.) stellt ein typisches Beispiel des so genannten Maas-Stils dar. Die Kirche besitzt zwei Krypten und einen dreischiffigen Innenraum mit Grisaillemalereien (17. Jh.) sowie das älteste Chorgestühl Belgiens. Im 14. Jh. brachte man den kostbaren St.-Hadelinus-Schrein nach Visé (s. S. 60).

Das Schloss von **Vèves** ist ein ausgezeichnetes Beispiel für die Festungsarchitektur des 15. Jhs.

Der Wildtierpark **Parc National de Lesse et Lomme** liegt an einer Biegung der Lesse, deren Ufer bis zum 10. Jh. bewohnt war. Prähistorische Funde und römische Bäder belegen die frühe Besiedelung des Ortes (tgl. geöffnet, stdl. Fahrt mit Panoramabus ab Han-sur-Lesse, 2, rue J.-Lamotte).

Hastière ㉕

Bei Mesnil-Saint-Blaise biegt man auf die N 915 ab und erreicht nach wenigen Kilometern den Ort Hastière. Die romanische **Liebfrauenkirche** (11./12. Jh.) von Hastière-par-delà erhebt sich direkt am Ufer der Maas.

In der Krypta stehen zwei merowingische Sarkophage. Vom Chorgestühl blieben nur Teile erhalten, da alle Schnitzarbeiten, die den geistlichen Herren anstößig erschienen, 1443 entfernt werden mussten.

Diesseits der Maas ist das **Schloss** ein lohnendes Ziel. Lebensstil und -gewohnheiten des Hochadels lassen sich an der kompletten Inneneinrichtung der Wohnräume ablesen. Der französische Garten des Schlosses, der von den Schöpfungen des Gartenbaumeisters Le Nôtre inspiriert wurde, erstreckt sich über drei Terrassen.

**Dinant ㉖

Der beliebte Urlaubsort (12 000 Einw.), zieht sich in einzigartiger Lage auf über 4 km Länge am Flussufer entlang. Seit dem 12. Jh. ist Dinant berühmt für seine kunstvollen Kupfer- und Messingarbeiten, die »Dinanderien«. Eine weitere Spezialität sind die »couques«, in Holzmodeln gebackene Honigkuchen. Der aus Dinant stammende Adolphe Sax (1814–1894) ist der Erfinder des Saxophons. Bedingt durch seine sehr exponierte Lage war Dinant stets bevorzugtes Angriffsziel von kriegerischen Auseinandersetzungen.

Beherrschendes Bauwerk ist die **Zitadelle,** die man mit dem Auto, einer Kabinenseilbahn oder zu Fuß über 408 Stufen erreicht. Schon 1051 stand an dieser Stelle eine Festung. Der aktuelle Bau – mit einem kleinen Militärmuseum – stammt aus der Zeit der Besatzung (1818–1821) durch die Niederländer. Von hier oben bietet sich ein fantastischer Ausblick auf die Stadt.

Die **Grotte de Mont-Fat** ist eine prähistorische Höhle auf halber Höhe des Zitadellenhügels; die Römer verehrten hier die Jagdgöttin Diana.

Eingezwängt zwischen Fluss und Straße liegt unterhalb der Zitadelle die frühgotische **Collégiale Notre-Dame.** Ihr wurde im 17. Jh. der süddeutsch anmutende, fast erdrückend große Zwiebelturm aufgesetzt, der heute das Wahrzeichen von Dinant ist. Das Lesepult und der Leuchter im Chor sind Prachtbeispiele für »Dinanderien«.

Die Stiftskirche Notre-Dame beherrscht das Stadtbild von Dinant

2 Karte Seite 62

Maison de Tourisme, 36, rue Grande, 5500 Dinant, Tel. 0 82/22 28 70, www.dinant.be.

Schiffsverbindung: Schiffsanlegestelle für Fahrten auf der Meuse gegenüber dem Hôtel de Ville (Rathaus; s. auch S. 22).

De la Couronne, 1, rue Sax, Tel. 0 82/22 24 41, Fax 22 70 31, www.hotellacouronne.be. Kleines, gut geführtes Mittelklassehotel mit gutem Restaurant. Die Zimmer sind einfach und gemütlich eingerichtet. ○○

Mille Sabords, 49, rue Alexandre Daoust, Tel. 0 82/22 91 31. Edle Brasserie mit interessanten Menüvorschlägen und schönem Garten. ○○

Rocher Bayard

Etwa 1 km südlich von Dinant türmt sich der Rocher Bayard auf. Da dieser Felsblock schon den Truppen von Louis XIV. im Weg stand, ließ der Sonnenkönig kurzerhand eine Bresche in ihn sprengen. Der Felsen ist nach dem legendären Ross Bayard benannt, auf dessen Rücken den vier Haimonskindern die Flucht vor Kaiser Karl dem Großen gelang – eine in Belgien weit verbreitete Sage (s. S. 80), an die in vielen Ortschaften Denkmäler oder Umzüge erinnern.

Zurück nach Namur

Die letzten Kilometer bis Namur legt man am besten am rechtsseitigen Ufer der Maas zurück, um noch einige empfehlenswerte Abstecher mitzunehmen: Da ist zunächst die **Abbaye de Maredsous** im Molignée-Tal zu nennen. Die neugotische Anlage wurde 1872 von den Benediktinern gegründet. Landesweit ist eine Käsesorte zum Begriff geworden, die hier produziert wird und sich für die Mönche zu einer wichtigen Einnahmequelle entwickelt hat (www.maredsous.be).

Das Lustschloss von **Annevoie-Rouillon** (18. Jh.) liegt im Park von Annevoie, der neben französischen, italienischen und englischen Stilelementen den einzigen Wassergarten Belgiens aufweist. Im Frühling und Sommer wird eine Gartenschau mit Tulpen, Rosen und Begonien veranstaltet (www.jardins.dannevoie.be).

Tour 3

Im Herzen des Landes

Diest → **Leuven → Charleroi → Chimay → **Mechelen → **Lier → Diest (464 km)

Hübsches Detail am Barockportal des Beginenhofs in Diest

Diese Rundfahrt, für die man sich mindestens vier Tage Zeit nehmen sollte, führt durch die Provinzen Flämisch- und Wallonisch-Brabant, Hennegau, Ostflandern und Antwerpen. Von Diest aus fährt man durch das Hügelland im Schatten der Ardennen; im Norden geht es durch das von Jacques Brel so treffend besungene »plat pays« – Flandern – eine abwechslungsreiche Landschaft, die nicht nur Kunstschätze bereithält, sondern auch mit technischen Baudenkmälern aufwarten kann.

Diest ㉗

Das hübsche Städtchen (21 000 Einw.) verschanzt sich hinter einer teilweise erhaltenen Stadtmauer an der Flussschleife der Demer. Zentrum ist der **Grote Markt** mit dem gotischen Rathaus. Im Untergeschoss mit Gewölben zeigt das **Stedelijk Museum** Rüstungen und Kunstwerke (15./16. Jh.), Sudkessel und Gerätschaften einer alten Brauerei sowie überreich verzierte Zunftketten (tgl. 10–12, 13–17 Uhr; im Winter So geschl.).

Beherrschendes Bauwerk der Stadt ist die **Sint-Sulpitiuskerk** (14.–16. Jh.), deren Turm unvollendet geblieben ist. Im Vierungsturm, der liebevoll »Mosterdpot«, Senftopf, genannt wird, befindet sich ein Glockenspiel.

Durch ein großes Barockportal betritt man den im 13. Jh. gegründeten **Beginenhof** in der gleichnamigen Straße. Den schönsten Blick auf das Bauensemble genießt man von der Leopoldvest. Folgt man dieser Straße weiter, ergibt sich eine hübsche Aussicht auf den Stadtpark Warade und die Windmühle **Lindenmolen** (18. Jh.; jeden ersten So im Monat zugänglich).

Prunkfassade am Rathaus von Leuven

Scherpenheuvel ㉘

Die Abtei von Scherpenheuvel (frz. *Montaigu;* 20 500 Einw.) ist Zentrum der belgischen Marienverehrung: An Allerheiligen findet eine Kerzenprozession statt. Die barocke Wallfahrtskirche (1609–1627) wird von einer gewaltigen Metallkuppel bekrönt.

Aarschot ㉙

Die kleine Industriestadt (25 000 Einw.) am Ufer der Demer blieb von den beiden Weltkriegen nicht verschont, wurde aber im historischen Kern nach alten Plänen wieder aufgebaut.

3 Karte Seite 73

Der Beginenhof in Aarschot

3 Karte Seite 73

Von kunsthistorischem Interesse sind Chor und Schiff der spätgotischen **Onze-Lieve-Vrouwekerk** mit ihrem dominanten, 85 m hohen Fassadenturm. Besondere Aufmerksamkeit verdient das geschnitzte Chorgestühl, auf dem flämische Sprichwörter in teilweise drastischer Eindeutigkeit dargestellt sind. Der schmiedeeiserne Kronleuchter wird Quentin Massys (1466–1530) zugeschrieben.

Im kleinen **Beginenhof** sind einzelne renovierte Häuser aus dem 17. Jh. erhalten. Am Ufer der Demer stehen die Herzogsmühlen, Reste der Stadtbefestigung, die Kaiser Joseph II. 1782 schleifen ließ.

Bei Sint-Pieters-Rode, 8 km südlich von Aarschot, lockt das idyllische Wasserschloss **Horst.** Herrliche Stuckdecken mit Szenen aus den Metamorphosen von Ovid schmücken die Innenräume (16.–18. Jh.).

i Dienst voor Toerisme, Demervallei 14, Tel. 016/56 97 05, Fax 56 97 22, www.aarschot.be

8 **Leuven 30

Das geschichtsträchtige Städtchen, (frz. *Louvain;* 86 500 Einw.), seit 1998 von der UNESCO als Weltkulturerbe geführt, steht den großen belgischen Kunststädten in nichts nach. Brennpunkt des Lebens ist die 1425 gegründete älteste Universität des Landes. Im Mittelalter hatte der um 900 erstmals urkundlich erwähnte Ort durch den Tuchhandel Bedeutung erlangt. Nach einem blutigen Aufstand der Zünfte gegen die Aristokratie (1378) verließen die Weber, denen die weitere Ausübung ihres Berufs untersagt worden war, die Stadt – mit ihnen verschwand auch der Wohlstand.

Die Gründung der »Katholischen Universität« milderte diesen Niedergang und sie brachte der Stadt neuen Ruhm. Erasmus von Rotterdam gründete hier sein »Drei-Sprachen-Kolleg« für Hebräisch, Griechisch und Latein.

Stadtrundgang

Das spätgotische **Stadhuis** am Grote Markt gilt als der schönste Profanbau seiner Zeit. Der Baumeister Mathijs de Layens baute von 1439 bis 1469 ein Schmuckstück: Bögen, Nischen und Figuren türmen sich über drei Etagen filigran himmelwärts. In 236 Nischen stehen Statuen von Heiligen und Königen, Gelehrten und Dichtern. Vier Fensterreihen mit hochgezogenen Spitzdächern lockern das Schieferdach auf; die Schmalseiten schließen mit eleganten Türmen und einem Spitztürmchen auf dem Dachfirst ab. Im Inneren sind u. a. Werke des Bildhauers Constantin Meunier (1831–1905) zu sehen.

Bei der im Stil der Brabanter Spätgotik gehaltenen ***Sint-Pieterskerk** (Peterskirche), die dem Rathaus gegenüber steht, handelt es sich um einen kreuzförmigen Basilikabau mit Chorumgang und Kapellen. Der Innenraum besticht durch klare Linienführung. Den Chorraum grenzt ein dreibogiger Lettner ab, der älteste in Belgien. Die üppige Barockkanzel zeigt Szenen aus dem Leben des

Das Stadhuis (Rathaus) von Leuven

hl. Norbert und die Verleumdung Petri.

Das im Chor der Kirche eingerichtete *__Museum voor Religieuze Kunst__ zeigt prächtige Altartafeln von Dirk Bouts, das Abendmahl, das Martyrium des hl. Erasmus sowie die von Bouts ausgeführte Kopie einer Kreuzabnahme von Rogier van der Weyden (Original im Prado, Madrid). Von seltener Ausdruckskraft ist der hölzerne Christuskopf aus dem 13. Jh.; ein Triptychon von Joost van der Baeren stellt das Martyrium der hl. Dorothea dar.

In der Naamsestraat stehen noch einige alte Universitätsgebäude. Die **Universitätshalle,** ursprünglich als Tuchhalle errichtet (14. Jh.), wurde 1914 zerstört und nach alten Plänen wieder aufgebaut; das **Papstkolleg** (18. Jh.) wurde von Papst Hadrian VI., einem gebürtigen Belgier, gegründet. An der Naamsesstraat prunkt die **Sint-Michielskerk** mit einer üppigen flämischen Barockfassade.

Der *__Beginenhof__ an der Dijle entstand im 13. Jh.; ein Großteil der Gebäude stammt jedoch aus dem 17. Jh.

Dienst voor Toerisme, Stadhuis, Grote Markt 9, 3000 Leuven, Tel. 0 16/21 15 39, Fax 21 15 49, www.leuven.be.

Die **Museen** der Stadt sind gewöhnlich Di–Sa 10–12 und 14–17 Uhr, So 14–17 Uhr geöffnet.
- Die **Brauerei Stella Artois** kann nur nach vorheriger Vereinbarung, Tel. 0 16/24 72 99, besichtigt werden.
- Das Openair-Festival **Markt-Rock** findet Mitte August auf dem Oude Markt statt.

Binnenhof, Maria-Theresiastraat 65, Tel. 0 16/20 55 92, Fax 23 69 26,www.hotelbinnenhof.be Solides Hotel nahe Innenstadt. ❍❍
- **Theater Hotel,** Bondgenotenlaan 20, Tel. 01 60/22 28 19, www.theaterhotel.be. 21 Zimmer, Stilvoll, modern, zentral. ❍❍
- **B&B De Werf,** Hogeschoolplein 5, Tel. 0 16/23 73 14, www.dewerf-leuven.be. Zentral; große, einfache Zimmer. ❍

De Wiering, Wieringstraat 2, Tel. 29 15 45. Uriges Restaurant-Café mit Dachterrasse, 70 Biersorten und große Vielfalt auf der Speisekarte. ❍❍

Louvain-la-Neuve ㉛

Der Ende der 1960er Jahre erbittert geführte flämisch-wallonische Sprachenstreit (s. S. 15) führte zur Aufspaltung der Katholischen Universität in Leuven. 1971 wurde 30 km südöstlich von Brüssel die französischsprachige **Université Catholique de Louvain** eröffnet. Die Studentenstadt setzt städtebauliche Akzente; als akademische Adresse hat Louvain einen exzellenten Ruf.

3 Karte Seite 73

*Villers-la-Ville ㉜

Die **Zisterzienserabtei** des Orts wurde 1147 von Bernhard von Clairvaux gegründet und war einmal eine der reichsten Abteien Belgiens. Zerstörungen und Plünderungen während der Religionskriege und der Französischen Revolution führten ihren Untergang herbei. Durch die imposanten, mit Efeu überrankten Ruinen führt ein ausgeschilderter Rundweg.

Die Vereinigung **Les Plus Beaux Villages de Wallonie** veranstaltet im Sommer geführte Wanderungen zu den »schönsten wallonischen Dörfern« (sonntags; 48, rue Saint-Denys, 5300 St-Bernard, Tel. 0 81/ 40 32 08; www.beauxvillages.be).

3 Karte Seite 73

Charleroi ㉝ und Umgebung

Das Industriezentrum (196 000 Einw.) des Hennegau *(Hainaut)* im Kohlerevier präsentiert sich trotz Verschönerungsbemühungen wenig attraktiv. Dank der Kohlevorkommen entstand im 16. Jh. hier die erste Glashütte. Das **Musée du Verre** informiert über Methoden der Glasherstellung (bd Defontaine 10, Di–Sa 9–12.30, 13.15–17 Uhr). Ein kleines **Archäologisches Museum** im Untergeschoss zeigt Exponate aus römischer und merowingischer Zeit.

*Barrage de l'Eau d'Heure

Der größte Stausee Belgiens (351 ha) ist ein beliebtes Wassersport- und Erholungsgebiet. Nicht weit davon liegt in einem Naturpark der ****Etang de Virelles,** der größte natürliche See des Landes.

i **Office du Tourisme,** 100, av. Mascaux, 6001 Charleroi, Tel. 0 71/86 61 52, Fax 86 61 58.

Universitätsgebäude von Louvain-la-Neuve

Chimay ㉞

Im südlichsten Zipfel des Hennegaus lohnt das **Renaissanceschloss** von Chimay einen Besuch. Hinter der Kalksteinfassade verbergen sich herrliche Salons und ein Rokokotheater (1863), in dem im Juni/Juli Musikfestspiele stattfinden. In der gotischen Kollegiatskirche **Sts-Pierre-et-Paul** steht in der ersten Kapelle rechts das Epitaph des Jean Froissart (1337–1410), eines Geschichtsschreibers und Dichters.

Beaumont ㉟

Durch die Forêt de Rance geht es nordwärts nach Beaumont, einem Städtchen mit der Tour Salamandre, dem letzten Rest einer Stadtbefestigung (12. Jh.). In **Montignies-St.-Christophe** steht eine alte Brücke aus der Römerzeit mit 13 Brückenbogen.

Lobbes ㊱

Ein Straßenräuber soll den Ort gegründet haben. Von Reue gepackt, soll der später heilig gesprochene Landelinus im 7. Jh. die hiesige Benediktinerabtei gebaut haben, die während der Französischen Revolu-

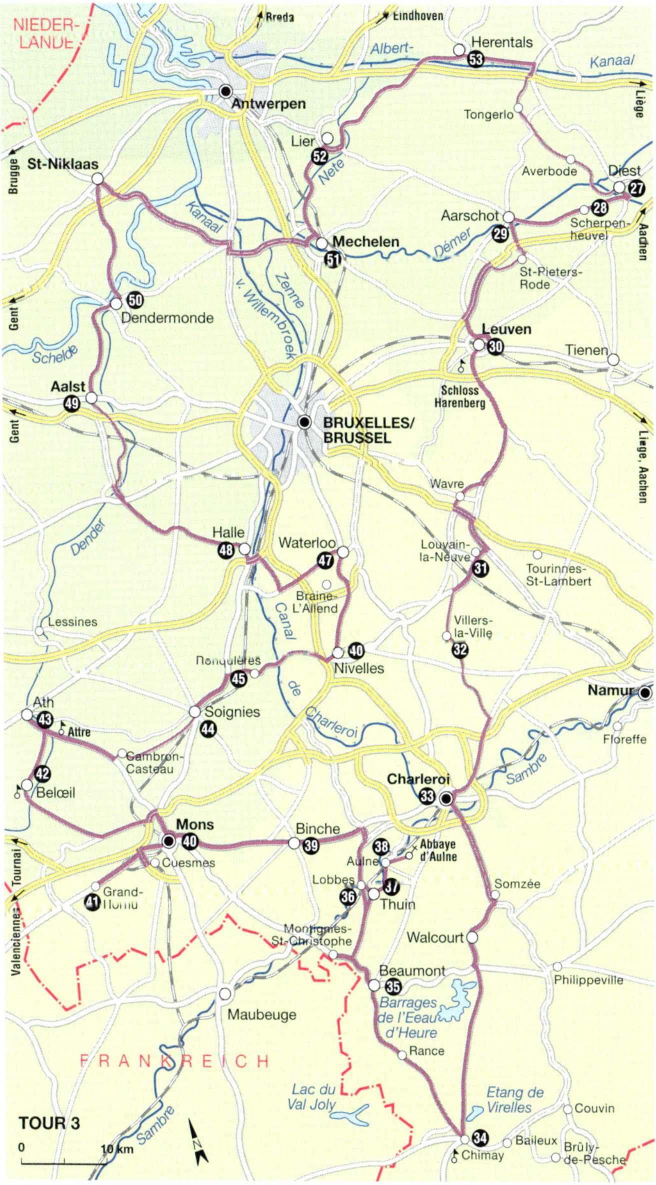
NIEDER-LANDE
Antwerpen
Herentals
Albert-Kanaal
Tongerlo
Lier
Nete
St-Niklaas
Averbode
Diest
Aarschot
Scherpen-heuvel
Mechelen
Démer
St-Pieters-Rode
Dendermonde
Zenne
v. Willembroek
Kanaal
Leuven
Tienen
Schelde
Aalst
Schloss Harenberg
BRUXELLES/ BRUSSEL
Wavre
Halle
Waterloo
Louvain-la-Neuve
Tourinnes-St-Lambert
Dender
Braine-L'Allend
Canal de Charleroi
Lessines
Villers-la-Ville
Nivelles
Namur
Ath
Soignies
Attre
Floreffe
Cambron-Casteau
Sambre
Charleroi
Belœil
Mons
Binche
Abbaye d'Aulne
Aulne
Cuesmes
Lobbes
Somzée
Thuin
Grand-Hornu
Montignies-St-Christophe
Walcourt
Beaumont
Philippeville
Maubeuge
Barrages de l'Eau d'Heure
Rance
FRANKREICH
Lac du Val Joly
Etang de Virelles
Couvin
TOUR 3
Chimay
Baileux
Brûly-de-Pesche
0
10 km
Breda
Eindhoven
Liège
Brugge
Aachen
Gent
Liège, Aachen
Tournai
Valenciennes

tion zerstört wurde. Oben auf dem Hügel steht die ursprünglich karolingische **Collégiale St.-Ursmer** (11. Jh.). Der Vierungsturm wurde erst im 19. Jh. hinzugefügt. Der schlichte, dreischiffige Kirchenraum dürfte sein mittelalterliches Aussehen behalten haben. Chor, Krypta (mit Ausnahme der im 16. Jh. erneuerten Säulen), Portikus und Westturm sind romanisch. In der Krypta stehen die Sarkophage der Heiligen Ursmer und Ermin (9. Jh.).

3 Karte Seite 73

Thuin 37

Der malerische Ort (14 000 Einw.) erstreckt sich am Hang auf dem gegenüberliegenden Ufer der Sambre. Die **Tour Notger** (10. Jh.) ist der weithin sichtbare Wachturm der ehemaligen Stadtbefestigung, die der Fürstbischof von Lüttich (s. S. 48) errichten ließ.

*Aulne 38

An einem Bogen der Sambre liegt die Ruine der **Abbay d'Aulne.** Das Kloster, das zunächst den Benediktinern von Lobbes unterstand, wurde 1147 von Mönchen aus Clairvaux übernommen, ist aber wesentlich älter und geht ebenfalls auf eine Gründung des hl. Landelinus im Jahre 656 zurück.

Wie Lobbes wurde die Abtei während der Revolution von den Franzosen 1794 zerstört. Dennoch legen der verbliebene Chor und das Querschiff der Kirche noch heute eindrucksvoll Zeugnis ab von der einstigen Größe des Klosters.

Am letzten Wochenende im Mai findet alljährlich im Rahmen der großen **St.-Rochus-Prozession** eine der berühmtesten historischen Militärparaden des Hennegau statt.

Binche: Avenue Charles-Deliège

Binche 39

Die reizvolle Altstadt der Karnevalshochburg Binche (33 700 Einw.) liegt im Schutz eines von den Franzosen 1554 geschleiften mittelalterlichen **Befestigungswalls** mit 27 Türmen. Am besten erhalten ist der südliche Teil zwischen dem Museum und der **Collégiale St.-Ursmer.** Die frühromanische Kirche wurde 1404 erweitert und nach schweren Schäden (16. Jh.) wieder aufgebaut. Aus der Gründungszeit stammen nur ein Teil des Turmes und das Hauptportal. Im Innenraum verdienen der herrliche Lettner aus der Renaissance und der reiche Kirchenschatz unbedingt Beachtung.

Das **Musée International du Carnaval et du Masque** in der Nähe der Kollegiatskirche besitzt eine prächtige Masken- und Kostümsammlung. Zudem wird dort ein Film über den Karneval von Binche und seine Geschichte vorgeführt (Sa–Do 9.30 bis 12.30 und 13.30–18 Uhr, www.museedumasque.be).

Karolingische Kollegiatskirche St.-Ursmer in Binche

Hôtel de Ville, Grand' Place, 7130 Binche, Tel. 0 64/33 67 27, Fax 33 95 37, www.binche.be.

Hôtel des Remparts, Binche, 28, rue Saint-Paul, Tel. 064/33 55 71, b.c.v.@proximedia.be. Einfaches Hotel in der Altstadt. ❍

Mons ㊵

Die Provinzhauptstadt (fläm. *Bergen;* 96 300 Einw.) des Hennegau und Zentrum der Borinage, des »belgischen Kohlenpotts«, ist auch eine bedeutende Kunststadt. Hier wurde 1532 der Komponist Orlando di Lasso geboren, einer der bedeutendsten Musiker der Renaissance. Im Mittelalter wurde die Tuchmacherstadt abwechselnd von Spanien, Österreich und Frankreich okkupiert. Im 19. Jh florierte der Kohlebergbau.

Zentrum ist die Grand' Place mit ihren vielen Cafés und dem gotischen **Rathaus.** Links neben dem Hauptportal fällt der Blick auf ein kleines Äffchen. Dieser »Singe de Grand-Garde« gilt heute als Glücksbringer, früher war er vielleicht Teil des Kinderprangers. Die Innenräume des Rathauses (u. a. eine der ehemals acht Tapisserien aus der Kathedrale) können besichtigt werden.

Hinter dem Rathaus liegt das **Keramikmuseum** *(Musée de Céramique)* mit über 3000 Ausstellungsstücken.

3 Karte Seite 73

Karneval in Binche

Binche ist weithin als Karnevalshochburg bekannt. Der wichtigste Tag ist der Karnevalsdienstag, wenn die *Gilles* die Stadt beherrschen. Bereits im Morgengrauen sammeln sich Hunderte von Männern in ihren mit Wappen und Löwen besetzten Kostümen in den Straßen der Stadt.

Noch tragen sie nicht ihre charakteristischen hohen Federhüte, sondern weiße Hauben und feine Masken, die ein rosiges Gesicht mit Schnurrbart und grüner Brille zeigen. In mitreißendem Rhythmus klappern sie auf ihren Holzschuhen durch die Straßen. Erst am Nachmittag legen sie die Masken ab, setzen den üppigen Kopfschmuck aus Straußenfedern auf und nehmen den Korb mit Orangen in die Hand. Zu den ohrenbetäubenden Klängen von Viola, Akkordeon, Drehorgel und Trommeln tanzen sie dann durch die Stadt, begleitet von allerlei bunten Masken, die die mittelalterlichen Straßen bis in die tiefe Nacht hinein in einen fröhlichen Hexenkessel verwandeln.

Der barocke **Belfried** (89 m, Aufzug, Glockenspiel), das Wahrzeichen von Mons, steht auf dem Square du Château an der Stelle des Schlosses der Grafen des Hennegau.

Die Stiftskirche ****Collégiale Ste-Waudru** auf der Anhöhe wurde von Mathieu de Layens im Stil der Brabanter Spätgotik entworfen (erbaut 1450 bis 1691). Trotz dieser langen Zeitspanne entstand ein harmonischer und eindrucksvoller Bau (Mo geschl.).

3 Karte Seite 73

i 22, Grand Place, 7000 Mons, Tel. 0 65/33 55 80, Fax 35 63 36, www.mons.be

Devos, 7, rue de la Coupe, Tel. 0 65/35 13 35. Regionale Spezialitäten werden hier in absoluter Vollendung serviert. ○○○

Le Marchal, 4, Rampe Sainte-Waudru, Tel. 0 65/31 24 02. Feine französische Küche in gediegen elegantem Ambiente. ○○

Canal du Centre

Von Mons aus empfiehlt sich ein Abstecher nach La Louvière, zu den vier *****Schiffshebewerken des Canal du Centre**, die von der UNESCO als Weltkulturerbe eingestuft wurden. Jeder der Aufzüge wurde zur Überwindung eines Gefälles von 17 m gebaut und funktioniert nur mit einer Energiequelle: Wasser! Ein Spaziergang entlang der Kanalufer empfiehlt sich wegen der typischen Gründerzeit-Bauten der Stadt. Außer im Januar kann man ganzjährig mit einem Boot durch die Hebewerke fahren. Voranmeldung notwendig bei sites.voiesdeau@hainaut.be

Cuesmes

In Cuesmes bei Mons lebte 1878 bis 1880 Vincent van Gogh als Laienprediger bei einer Bergarbeiterfamilie. Hier entstanden seine frühen Bilder, die die harten Lebensbedingungen der Arbeiter widerspiegeln. Sein ärmliches Zimmer in der Rue des Pavillons kann besichtigt werden (Di–So 10–18 Uhr).

*Le Grand Hornu ㊶

6 km westlich von Cuesmes erreicht man die denkmalgeschützte Industrieanlage Le Grand Hornu (1814 bis 1832). Der Unternehmer – ein Bergwerksbesitzer – ließ hier verschiedene Produktionsstätten und Verwaltungsgebäude errichten, dazu einen Herrensitz für seine Familie und eine ausgedehnte Arbeitersiedlung. Hier zeigt jetzt das **Musée d'Art Contemporain** wechselnde Ausstellungen.

9 **Schloss Belœil ㊷

Belœil (12 800 Einw.) ist wegen seines berühmten **Schlosses** ein Muss. In barocken Formen, doch wegen der Verwendung von Ziegel und Sandstein ungewohnt streng und ernst, war es seit dem 14. Jh. über Generationen im Besitz der Prinzen de Ligne. Die kostbar möblierten Räume sind mit den Geschenken so illustrer Gäste wie Marie-Antoinette, Johann Wolfgang von Goethe, Katharina der Großen, Rousseau und Voltaire ausgestattet. Die Bibliothek umfasst mehr als 20 000 Bände.

Der 120 ha große ***Park** mit fantasievollen Barockgärten, vermutlich eine Anlage Le Nôtres, gilt als der schönste Belgiens (Mitte Mai–Okt. tgl. 13–18 Uhr).

Schloss Belœil war Treffpunkt europäischer Geistesgrößen

Ath 43 und Schloss Attre

An der **Grand' Place** von Ath stehen das Rathaus (17. Jh.) und die Kirche St-Julien mit ihrem hohen Turm (15. Jh.). Unweit davon versteckt sich in einer der engen Gassen der viereckige Donjon (14. Jh.).

Die größte Anziehungskraft vermeldet Ath alljährlich am vierten Sonntag im August, zur Ducasse, einem Umzug mit Riesenfiguren (4 m hoch, 100 kg schwer). Dargestellt wird die Familie Goliath: Herr und Frau Gouyasse (Goliath) mit ihren Söhnen und ihrem Gefolge. Am Vortag wird ab 15 Uhr vor dem Rathaus der Kampf Davids gegen Goliath ausgetragen.

Nur 6 km südöstlich von Ath erreicht man das charmante Schlösschen **Attre.** Seine sehr dekorative Treppe soll nach Plänen des Rokokobaumeisters François Cuvilliés ausgeführt worden sein. Zu den Schätzen zählen Gemälde von Watteau und Snyders. Sehenswert ist der Park mit seinem Taubenturm, den künstlichen Felsen und Grotten.

Soignies 44

In Soignies (fläm. *Zinnik;* 23 400 Einw.) am Ufer der Senne entwickelte sich eine um 650 vom hl. Vinzenz gegründete Abtei. Die **Stiftskirche St.-Vincent** ist ein wuchtiger Bau mit lombardischen Bögen, die von zwei massiven Türmen überragt werden. Auf dem alten Friedhof (heute Stadtpark, Zugang durch die Rue Henry-Leroy) ist in einer romanischen Kapelle ein sehenswertes **Archäologisches Museum** untergebracht.

3 Karte Seite 73

10 Ronquières 45

Mit Hilfe der Schiefen Ebene von Ronquières gelingt es der Binnenschifffahrt, die Höhenunterschiede – in diesem Fall die 68 m im Verlauf des Kanals Brüssel–Charleroi — zu überwinden. Die Schiffe werden in riesigen, wassergefüllten Becken mit Hilfe starker Stahlseile über eine schiefe Ebene hinaufgezogen bzw. hinuntergelassen. Vom Steuerturm aus hat man eine prächtige Aussicht nicht nur auf das faszinierende technische Meisterwerk, sondern auch weit über das Land (April–Okt. tgl. 10–19 Uhr).

Schiffsverbindungen: Rundfahrten tgl. 12, 14, 15.30 und 17.30 Uhr, Überfahrt der schiefen Ebene nur So.

*Nivelles 46

Das flämische Nivelles (*Nijvel;* 22 000 Einw.) ist ein gepflegter alter Ort mit einer großartigen Stiftskirche. Bis zur Säkularisation war er ein intellektuelles und wirtschaftliches Zentrum des Landes. Itta, die Witwe Pippins d. Ä., gründete hier mit ihrer Tochter, der hl. Gertrud, um 650 ein Kloster. Im

Waterloo: Butte du Lion

3
Karte Seite 73

12. Jh. bekam die Stadt einen Befestigungsring, von dem noch die **Tour Simone** erhalten ist.

Im Mai 1940 wurde die Stadt das Opfer deutscher Bombenangriffe. Beim Wiederaufbau der Stiftskirche **Ste-Gertrude** (11. Jh.) an der Grand' Place legte man merowingische und karolingische Gebäudeteile sowie das Grab der hl. Gertrud frei. Das gewaltige Bauwerk mit dem 102 m langen Langhaus, zwei Querschiffen und zwei Chören ist ein gutes Beispiel der ottonisch geprägten Romanik.

Besondere Beachtung verdienen die romanischen Skulpturen am Türsturz des linken Portals im westlichen Vorbau. Über dem Westchor liegt der Kaisersaal mit drei großartigen Kuppeln, unter dem Ostchor die Krypta mit Kreuzgratgewölbe und Resten der fünf Vorgängerkirchen.

Zum Grab der hl. Gertrud zieht an jedem 1. Sonntag im Oktober eine große **Pferdeprozession.**

Das **Archäologische Museum** zeigt neben Funden aus der prähistorischen bis zur römischen Zeit vier Statuen vom gotischen Lettner der Stiftskirche sowie barocke Terrakottaarbeiten von Laurent Delvaux (1696–1778); Mi–Mo 9.30–12 und 14.30–17 Uhr.

Office de Tourisme, Hôtel de Ville, 48, rue de Saintes, 1400 Nivelles, Tel. 0 67/22 04 44, Fax 21 98 88.

Hotel Nivelles-Sud, 22, chaussée de Mons, Tel. 067/21 87 21, Fax 22 10 88, www.hotelnivellessud.be Das sehr gut geführte Mittelklassehotel besitzt ein kleines Schwimmbad. Zu empfehlen ist auch die ausgezeichnete Küche des Hauses. ❍❍

Waterloo ㊼

Waterloo (25 000 Einw.) ist durch Napoleon zum Synonym für eine vernichtende Niederlage geworden. Auf dem weiten Feld zwischen Braine-l'Alleud, Mont St-Jean, La Marache und Plancenot fand am 18. Juni 1815 der entscheidende Kampf zwischen Napoleon und der Koalition der europäischen Mächte statt, militärisch geführt von Wellington und Blücher. Die Schlacht war verheerend: 50 000 Tote und Verletzte an einem Nachmittag. Sie entschied das weitere Schicksal Europas, das im Wiener Kongress von den Siegermächten aufgeteilt wurde.

Die **Butte du Lion,** den 45 m hohen Hügel mit dem starr nach Frankreich blickenden gusseisernen Löwen, legten die Niederländer 1826 an. 260 Stufen führen auf die Spitze des Hügels. Das Rundgemälde im benachbarten **Panorama de la Bataille** zeigt die blutige Schlacht.

Besucherzentrum und Museen: 252, Route du Lion, Tel. 02/385 19 12, www.culture-espaces.com/waterloo/index.htm

Marienkrönung über dem Portal der Basilika in Halle

Halle ㊽

Seit dem Mittelalter ist Halle (frz. *Hal;* 33 000 Einw.) ein bedeutender Marienwallfahrtsort (Prozessionen an Pfingsten sowie am ersten Sonntag in Sept. und Okt.). Das Ziel der Pilger ist die wundertätige Schwarze Madonna (13. Jh.) über dem Hochaltar der **Onze-Lieve-Vrouwebasiliek,** die auch als *Sint-Martinuskerk* bezeichnet wird. Die Kirche gilt als ein Juwel der Brabanter Spätgotik. Der mächtige Glockenturm besitzt ein Spiel mit 54 Glocken. Bemerkenswerte Skulpturen sind an den Portalen zu sehen, vor allem die Jungfrau mit Kind und die Marienkrönung.

Die wichtigsten Kunstwerke im Kircheninneren sind der reich mit Figuren geschmückte Deckel des Taufbeckens von 1466 und die ausdrucksstarken Apostelfiguren im Chor, die von den Arbeiten des burgundischen Hofbildhauers Claus Sluter beeinflusst sind. Die Krypta beherbergt den kostbaren Kirchenschatz.

Die 32 Kanonenkugeln neben dem Eingang erinnern daran, dass die Schwarze Madonna 1580 mit Waffengewalt gegen die Kalvinisten verteidigt weden musste. Das **Rathaus** am Grote Mark besitzt eine Renaissancefassade.

Aalst ㊾

Das Städtchen (frz. *Alost;* 73 000 Einw.) am Ufer der Dender liegt bereits in der weiten, offenen Landschaft Ostflanderns. Auf dem Grote Markt (jeden Morgen Blumenmarkt) stehen das **Schepenhuis** (Schöffenhaus; 15. Jh.), ein elegantes Gebäude mit Teilen aus dem 13. Jh. und einem mächtigen Belfried (Glockenspiel mit 52 Glocken) sowie die **Beurs van Amsterdam** aus dem 17./18. Jh. Heute ist die Börse ein Hotel-Restaurant. Die hochgotische **Sint-Martinuskerk** wurde nie vollendet. Zu den Schätzen ihrer Innenausstattung zählen ein großes Rubensgemälde und ein Tabernakel von J. Duquesnoy d. Ä. aus schwarzem und weißem Marmor. Das **Oud-Hospitaal** unweit der Kirche bildet ein hübsches Backsteinensemble mit dem Städtischen Museum, das im ehemaligen Kreuzgang und in einer Kapelle Exponate zur Lokalgeschichte zeigt.

Dienst voor Toerisme, Belfried, Grote Markt, 9300 Aalst, Tel. 0 53/73 22 70, Fax 73 22 73, www.aalst.be.

Keizershof, Korte Nieuwstraat 15, Tel. 0 53/77 44 11, Fax 78 00 97, www.keizershofhotel.com Zentral gelegenes Luxushotel der Best-Western-Gruppe, 70 Zi. ○○○

De lange Muur, Stationsplein, Tel. 0 53/77 37 46, Fax 78 53 90, www.aalst.be/hotels.html Einfaches Haus in Bahnhofsnähe. ○

Dendermonde ㊿

Am Zusammenfluss von Dender und Schelde, inmitten des Scheldelandes, liegt Dendermonde (frz. *Termonde;* 41 000 Einw.). Seine Lage kam den Be-

3 Karte Seite 73

Grote Markt in Dendermonde

3 Karte Seite 73

wohnern während der französischen Belagerung im 17. Jh. zugute: Sie inszenierten eine künstliche Überschwemmung und Louis XIV. soll geflucht haben: »Verdammte Stadt, warum habe ich bloß kein Heer von Enten, um dich zu erobern!«

Im Ersten Weltkrieg wurde Dendermonde schwer zerstört. Am **Grote Markt** stehen nur noch wenige historische Gebäude: das Rathaus, die ehemalige Tuchhalle und das Fleischhaus (heute Stadtmuseum). In der gotischen Onze-Lieve-Vrouwekerk mit einem romanischen Taufbecken hängen Gemälde Anthonis van Dycks, des bekanntesten Rubens-Schülers. Ein Blick in den **Beginenhof** (17. Jh.) an der Brusselsestraat lohnt sich.

i **Dienst Tourisme,** Grote Markt, 9200 Dendermonde, Tel. 0 52/21 39 56, Fax 22 19 40, www.dendermonde.be

St-Niklaas

Das wirtschaftliche Zentrum des fruchtbaren Waaslandes (frz. *St-Nicolas;* 68 300 Einw.), besitzt den flächenmäßig größten **Marktplatz** (3,19 ha) Belgiens, an dessen Ostseite schöne Renaissancehäuser (Nr. 43, Nr. 45 und Nr. 46) die Blicke auf sich ziehen. Im Museum ist dem Geographen Mercator, der im Auftrag Karls V. ab 1541 Globen fertigte, ein Saal gewidmet.

**Mechelen 51

Die beschauliche Stadt (frz. *Malines;* 78 000 Einw.) an der Dyle, seit Mitte des 16. Jhs. Sitz des belgischen Erzbistums, erlebte ihre Blüte unter der

Bayard, das Wunderross

Dendermonde nennt sich die »Stadt des Rosses Bayard«. So hieß das sagenhaft starke Pferd der Haimonskinder, Söhne eines Rivalen von Karl dem Großen. Reinold, der älteste der vier Brüder und Besitzer des Wunderrosses, erschlug im Streit einen Neffen des Kaisers. Die Brüder flohen auf dem Pferd, wurden aber von Karl verfolgt. Die Fehde konnte nur beigelegt werden, weil Reinold – blutenden Herzens – sein treues Pferd auslieferte oder, wie es vor allem die in Dendermonde erzählte Fassung will, in der Schelde ertränkte. Reinold soll später am Bau des Kölner Doms mitgewirkt haben und von Arbeitskameraden aus Neid erschlagen und in den Rhein geworfen worden sein. In Dortmund wird er als Stadtpatron verehrt.

Statthalterin Karls V., Margarethe von Österreich. An ihrem Hof verkehrten Erasmus von Rotterdam, Thomas Morus und Albrecht Dürer. 1572 brannten die Spanier die Stadt nieder.

Mittelpunkt ist der **Grote Markt** mit der Statue der Margarethe von Österreich vor der markanten Fassade des **Rathauses.** Das gotische Palais, dessen fein gegliederte Fassade erst im 19. Jh. nach alten Plänen fertig gestellt wurde, und die massive einstige Tuchhalle vervollständigen das Ensemble. Der 97 m hohe Turm der gotischen ****St.-Romboutskathedraal** wurde um 1400 als höchstes Wahrzeichen der Christenheit geplant (167 m), doch kamen die Bauarbeiten vorzeitig zum Erliegen. Im weitgehend barocken Innenraum mit sieben Chorkapellen verdient eine Darstellung der Kreuzigung von van Dyck im rechten Querschiff besondere Beachtung.

Die Besichtigung der **St.-Janskerk** mit der barocken Ausstattung lohnt allein wegen des Hochaltartriptychons »Anbetung der Könige« von Rubens. Das **Brüsseler Tor** (14. Jh.), das als Vorbild für das Holstentor in Lübeck diente, ist der verbliebene Rest der Stadtbefestigung. Mechelen ist Zentrum der Glockenspielkunst, hier existiert die einzige Glockenspielerschule des Landes. Im **Hof van Busleyden** steht eines der vier »Beiaards« der Stadt, ein Spiel mit 49 Glocken, auf dem regelmäßig Konzerte gegeben werden.

Glockenspielkonzerte

Von Juni bis Sept. erklingen zur vollen Stunde die Glocken der St-Rombouthskathedraal und anderer Kirchen sowie der »Beiaards« im Hof van Buyleyden.

Konzerte im Sommer jeweils Mo und Sa 11.30–12.15, So 15–15.45 sowie Mo 20.30–22 Uhr.

Stadhuis, Hallestraat, 2800 Mechelen, Tel. 0 15/29 76 55, Fax 29 76 53, www.mechelen.be.

NH Mechelen, Korenmarkt 24, Tel. 0 15/42 03 03, Fax 42 37 88, www.nh-hotels.com.
Glänzend geführt; liegt ruhig etwas außerhalb des Zentrums. ❍❍
▮ **Refugie Lindenhof,** Marterstraat 1, Tel./Fax 0 15/27 14 77. Mitten in der Altstadt liegt dieses Renaissancehaus mit einem parkähnlichen Garten. ❍
▮ **Egmont,** Oude Brusselsestraat 50, Tel. 0 15/42 13 99, Fax 41 34 98, www.hotel-egmont.be. Im Außenbezirk. Angenehm familiär. ❍

D'Hoog, Grote Markt 19, Tel. 21 75 53. Beste Adresse, unbedingt reservieren. ❍❍❍
▮ **De Kok en de Proever,** Adegemstraat 43, Tel. 34 60 02. Gehobene traditionelle Küche mit feinen Fusion-Akzenten. ❍❍

Bei der traditionellen **Hanswijk-Prozession** am Sonntag vor Himmelfahrt, bei der eine wundertätige Marienstatue durch Mechelen getragen wird, vermischen sich religiöse und tagesaktuelle Aspekte.

**Lier 52

Als »die hübscheste Stadt Belgiens« beschreibt Felix Timmermans (1866 bis 1947) seinen Geburtsort Lier (frz. *Lierre;* 31 000 Einw.) am Lauf der Nete. Seit 1212 besitzt Lier die Stadtrechte. Am Grote Markt mit seinen Zunfthäusern wird die elegante Rokokofassade des Rathauses vom gotischen Bel-

3 Karte Seite 73

fried, dem Rest der ehemaligen Tuchhalle, überragt. Die spätgotische **St.-Gommaruskerk** fällt durch ihren mächtigen viereckigen Turm – ebenfalls mit Glockenspiel – auf. Zu den sehenswerten Teilen der Innenausstattung gehören die Apostelfiguren an den Rundpfeilern, im Chor der dreibogige Lettner im Flamboyantstil und die Fenster, deren Bildzyklus die Verehrung des hl. Gommarus durch die Herrscherfamilie darstellt. Das Triptychon in der ersten Kapelle des Chorumgangs wird Rubens zugeschrieben.

Gegenüber steht das älteste Bauwerk der Stadt, die frühromanische **St.-Pieters-Kapelle.** Am anderen Flussufer fällt der Blick auf den **Zimmerturm** *(Zimmertoren)*. In diesem Turm, einst Teil der mittelalterlichen Stadtbefestigung mit der astronomischen Uhr an der Außenfront, wurde ein Museum mit Werkstücken des Uhrmachers Ludwig Zimmer (1888–1970) eingerichtet. Der älteste ***Begijnhof** Flanderns liegt in der Nähe vom Zimmerplein hinter einem Barockportal.

Herentals 53

Das Provinzstädtchen (24 200 Einw.) beeindruckt mit zwei Stadttoren (14. Jh.) und der gotischen **St.-Waldetrudiskerk** mit viereckigem Turm und romanischem Taufbecken. Der Begijnhof wurde während der Religionskriege zerstört; seine wieder errichteten Häuschen stehen im Schatten einer kleinen gotischen Kirche. Auf dem Rückweg nach Diest bieten sich noch Besuche in den Prämonstratenserabteien von **Tongerlo** und **Averbode** an.

Unter der Statthalterin Margarethe von Österreich erlebte Mechelen seine Blütezeit

Tour 4

Spuren von Handel und Kriegen

****Tournai → *Kortrijk → *Ieper → *Veurne → *Oudenaarde (334 km)**

Die großen Städte wie Gent und Brügge meidend, bietet diese Rundfahrt dennoch genug Gelegenheit, bedeutende Kunstschätze Belgiens zu genießen – vor allem in Tournai und Oudenaarde. Aus den hügeligen Flämischen Ardennen fährt man in das platte, fruchtbare Land Westflanderns mit den üppig grünen Wiesen, die sich bis zum Dünengürtel der Nordseeküste hinziehen. Nach der Betriebsamkeit am langen Strand wartet das Hinterland wieder mit idyllischen Kleinstädten und Dörfern, Einzelgehöften und manchmal einer Windmühle auf – eine Tour, die mit der reichen Geschichte des Landes bekannt macht.

**Tournai 54

Neben Tongeren (s. S. 59) ist Tournai (fläm. *Doornik;* 67 000 Einw.) die älteste Stadt Belgiens. Der ruhige, bürgerliche Ort über der Schelde, Mittelpunkt eines von der Landwirtschaft geprägten Gebietes, genießt auch den Ruf einer bedeutenden Kunststadt.

Geschichte

Keimzelle war die römische Straßenstation Turnacum an der Heer- und Handelsstraße zwischen Köln und dem Ärmelkanal. Schon zu jener Zeit lieferten die hiesigen Weber Stoffe für

4 Karte Seite 85

Die fünftürmige Kathedrale Notre-Dame von Tournai ist Weltkulturerbe

4 Karte Seite 85

die Cäsaren. Im 3. Jh. christianisiert, wurde Tournai unter den Merowingern die erste Hauptstadt ihres Frankenreiches; Chlodwig, der 465 hier geboren wurde, erhob sie zum Bischofssitz. Der Tuchhandel und der Export des graublauen Sandsteins ermöglichten im 12. und 13. Jh. eine rege Bautätigkeit der Bürger. Damals wurde auch der Grundstein der mächtigen Kathedrale gelegt, deren fünf Türme die Silhouette prägen. Mehrmals wechselte Tournai zwischen Frankreich und Flandern und wurde immer wieder in Kriege verstrickt, doch die schon im 16. Jh. berühmten Tapisserien verhalfen ihr zusammen mit der Kupfer- und Messingschmiedekunst und später der Porzellanherstellung zu Wohlstand. Ein Luftangriff im Mai 1940 bedeutete beinahe den Untergang der Stadt. Der sorgfältige Wiederaufbau machte Tournai erneut zu einer der bedeutendsten Kunststädte des Landes.

Stadterkundung

Mittelpunkt der Stadt ist die dreieckige ****Grand' Place** mit prächtigen Bürgerhäusern aus Gotik und Renaissance. Das Denkmal auf dem Platz erinnert an Christine de Lalaing, die während der Religionskriege die Verteidigung der kalvinistischen Stadt gegen den 1581 anrückenden Alexander Farnese mit seinen 55 000 Soldaten leitete. Im Keller der ehemaligen **Halle aux Draps** (Tuchhalle; 1610) am Südende wurde beim Wiederaufbau eine romanische Krypta freigelegt.

Der 72 m hohe, frei stehende **Belfried** an der Schmalseite der **Eglise St.-Quentin** (13. Jh.) gilt als der älteste seiner Art in Nordeuropa und besitzt ein Glockenspiel mit 43 Glocken.

Zur Zeit des Übergangs von der Romanik zur Gotik entstand die majestätische *****Cathédrale Notre-Dame** aus dem feinkörnigen blaugrauen Tournaiser Kalkstein. Nachdem die Romanik mit dem enormen Kirchenschiff, den beiden Osttürmen und dem Vierungsturm einen bedeutenden Beitrag leistete, ist der Hochchor mit seinen ungewöhnlichen Ausmaßen (58 m Länge und 47 m Höhe) das Meisterwerk der Gotik in Belgien. Zu den kunsthistorischen Kostbarkeiten des Weltkulturerbes zählen die romanischen Skulpturen am Nordportal, der sog. Porte Mantile.

Der spätromanischen Westfassade mit vorgesetztem Portikus (16. Jh.) wurde erst im 19. Jh. eine viel zu große Fensterrose eingefügt. Überwältigend sind die Ausmaße des Innenraums: 134 m lang, 66 m breit, 33 m hoch; der gotische Chor ist fast ebenso lang wie das Langschiff. Ein reich dekorierter Renaissancelettner von Floris de Vriendt trennt die beiden Bauteile. Der Bildschmuck der Kapitelle und Säulenbasen, gotische Grabsteine, Fresken und wertvolle Glasfenster im Querschiff sowie Gemälde von Rubens und Jordaens ergänzen die Ausstattung.

Der reiche Kirchenschatz *(Trésor)* birgt als kostbarste Stücke eine Elfenbeinmadonna (13. Jh.), ein byzantinisches Reliquienkreuz (6. Jh.), den silbern vergoldeten Marienschrein von Nicolas de Verdun (1205) und den Schrein des hl. Eleutherius (1247).

Im **Musée des Beaux-Arts,** einem der reichsten Kunstmuseen des Landes, das in einem sternförmigen Jugendstilbau von Victor Horta untergebracht ist, sind Gemälde von Rogier van der Weyden, Gossaert, der Familie Brueghel, Jordaens, James Ensor und van Gogh sowie Skizzen von Rubens und Manet zu sehen. (Enclos St-Martin, Mi–Mo 10–12, 14–17.30 Uhr.)

Die Kunst des Teppichwebens veranschaulicht das **Musée de la Tapisserie** (Pl. Reine Astrid). Von der Brücke des Boulevard Delwart bietet sich ein weiter Blick auf den um 1290 erbauten **Pont des Trous** und die Kathedrale. Zwischen dem nördlichen Schelde-Ufer und dem Bahnhof steht an der Rue du Rempart ein massiver Rundturm, die **Tour Henri VIII.** (16. Jh.; kleines Militärmuseum), die Heinrich VIII. von England im Rahmen der umfangreichen Ausbauarbeiten des Befestigungrings anlegen ließ.

Nahe der romanischen **Eglise St.-Brice** mit dem Grab von Childerich fallen in der Rue Barre St-Brice zwei Häuser auf, die als älteste europäische Bürgerhäuser gelten (Nr. 10 und Nr. 12). Sie stammen aus dem 12. Jh.

Centre de Tourisme, 20, Placette-aux-Dignons, 7500 Tournai, Tel. 0 69/35 42 85, Fax 35 42 86, www.tournaisis.be.

Cathédrale Tournai, 2 Place St-Pierre 2, Tel. 0 69/21 50 77, Fax 21 50 78, www.tournai.be. Gut ausgestattetes Haus in historischem Gebäude; nahe der Kathedrale gelegen. ○○○

4
Karte Seite 85

▮ **L'Europe,** 36, Grand' Place, Tel. 0 69/ 22 40 67, Fax 23 52 38, www.tournai.be
Einfaches Haus im Zentrum. ❍

Le Pressoir, 2, Vieux Marché-aux-Poteries, Tel. 22 35 13. Gehobenes Restaurant in einem schönen alten Bürgerhaus. ❍❍❍

▮ **Le Pardieu,** 10, rue Sainte-Croix, Tel. 23 27 27. Gemütliche Kneipe mit großer Auswahl an Bieren. ❍

*Kortrijk ㊺

4 Karte Seite 85

Die lebhafte Dienstleistungs- und Industriestadt an der Leie (frz. *Courtrai;* 78 000 Einw.) geht auf eine römische Gründung zurück. Im Mittelalter kam die Tuchmacherstadt durch ihre Damastwebereien zu Wohlstand.

Auf dem **Grote Markt** im Stadtzentrum stehen sich der Belfried, ein gotischer Backsteinbau (1300), und das gotische Rathaus mit zwei elegant gearbeiteten Kaminen aus der Renaissance gegenüber. Ein Blickfang abseits des Grote Markt ist die gotische **Sint-Maartenskerk** mit ihrem mächtigen Westturm. Unweit davon, an der Begijnhofstraat, liegt der romantische, im 13. Jh. gegründete **Begijnhof,** etwas weiter die **Onze-Lieve-Vrouwekerk,** hinter deren Fassade sich exquisite Kunstwerke verbergen: rechts vom Chor die Kapelle der Grafen von Flandern mit der fein gearbeiteten Alabasterstatue der hl. Katharina, im linken Querschiff ein Gemälde (»Kreuzaufrichtung«, 1631) von van Dyck. Die beiden **Broeltoren** an der Leie sind Reste der burgundischen Befestigung.

Dienst Toerisme, Sint-Michielsplein 5, 8500 Kortrijk, Tel. 0 56/23 93 71, Fax 23 93 72, www.kortrijk.be.

Begijnhof St. Elisabeth in Kortrijk

Broel, Broelkaai 8, Tel. 0 56/21 83 51, Fax 20 03 02, www.broelhotel.be. Gediegenes Quartier im Zentrum. ❍❍❍

▮ **Groeninge,** Groeningestraat 1a, Tel. 0 56/22 60 00, Fax 20 01 88, www.hotelgroeninge.be. Gut geführtes Mittelklassehotel in historischem Gebäude im Zentrum. ❍❍

'T Oud Konijntje, Boosstraat 53, Waregem, Tel. 60 19 37. Spitzengastronomie mit herrlicher Terrasse in ländlicher Idylle. ❍❍❍

Durch das flache grüne Land geht es weiter Richtung Ieper. Immer wieder stehen am Straßenrand Hinweisschilder auf Soldatenfriedhöfe der unterschiedlichen Nationen: Im Ersten Weltkrieg war diese Gegend Austragungsort blutiger Schlachten.

*Ieper ㊻

Am meisten unter dem grausamen Stellungskrieg gelitten hat Ieper (frz. *Ypres;* 34 700 Einw.). Im 13. Jh. eine der mächtigsten Städte Belgiens, wurde sie zwischen 1914 und 1918 fast völlig zerstört und nach Originalplänen wieder aufgebaut.

Am Grote Markt beeindruckt die 132 m lange frühgotische Sandsteinfassade der ****Tuchhalle,** die vom mächtigen **Belfried** (70 m) überragt wird. Rechts daneben bleibt der Blick am Anbau mit der eleganten Renaissancefassade, dem **Nieuwerk** (17. Jh.), hängen, jetzt das Rathaus. Hier ist das »Erinnerungsmuseum« mit einer Dokumentation der Schlachten des Ersten Weltkriegs untergebracht. Die frühgotische **St.-Maartenskathedraal** birgt das Grab von Cornelius Jansen (1585–1638), Bischof von Ieper und Gründer des Jansenismus, einer religiös-sittlichen Reformbewegung in Frankreich und den Niederlanden.

Seit 926 feiert man in Ieper alle drei Jahre das **Katzenfest.** Dabei wurden früher lebendige Katzen als Symbole des Teufels vom Belfried geworfen. Heute erfüllen Plüschtiere diesen Zweck. Nächste Termine: 2005 und 2008 (zweiter Sonntag im Mai).

*Veurne 57

Veurne (frz. *Furnes;* 11 500 Einw.) kurz vor der Nordseeküste ist eine der hübschesten Kleinstädte Flanderns.

Der Grote Markt mit seinen zweistöckigen Giebelhäusern im Stil der flämischen Renaissance wirkt verspielt und gemütlich. Doppelgiebelfront, Treppenturm und Loggia sind die auffälligen Kennzeichen des **Stad-**

4 Karte Seite 85

»Schild en Vriend«

Während man auf dem Weg zur Küste nicht umhin kann, die ausgedehnten Gräberfelder des Ersten Weltkriegs zu bemerken, erinnern sich die Flamen in Kortrijk an ein anderes, viel weiter zurückliegendes Gefecht, das am 11. Juli 1302 stattfand, die »Schlacht der Goldenen Sporen«.

Damals war ein französisches Ritterheer unter der Führung von Robert von Artois gegen Flandern gezogen, um das blühende Land dem französischen Königreich einzuverleiben. Doch die selbstbewussten Bürger wehrten sich erbittert. Aus Ieper, Gent und Brügge sammelten sich die empörten Handwerker und zogen dem Reiterheer entgegen. Auf dem Groeningeveld, etwas außerhalb der Stadt Kortrijk, kam es schließlich zum Kampf. Die Flamen – in erster Linie Weber und Metzger –, die nur mit ihren Spießen und Steinschleudern ausgerüstet waren, hatten das Schlachtfeld klug gewählt, denn in dem holprigen, grabendurchzogenen Gelände kamen die Pferde ständig ins Stolpern, stürzten und warfen die unbeweglichen, in schweren Rüstungen steckenden Franzosen ab. Trotz der großen Übermacht des Feindes trugen die Flamen den Sieg davon. Zum ersten Mal in der Geschichte war ein Ritterheer von Fußtruppen überwältigt worden. Und diese kosteten ihren Triumph weidlich aus: Wer in den Tagen danach in Verdacht stand, ein Franzose zu sein, wurde aufgefordert, die Flämische Losung zu sagen: »Schild en Vriend« – ein harter Gutturallaut, der nur Einheimischen gelingt.

huis. Im Inneren hängen kostbare Ledertapeten aus Cordoba und Mechelen. An der Ecke Grote Markt/ Ooststraat ragt der etwas düstere **Spanische Pavillon** auf, ein mächtiger, festungsartiger Bau, der im 17. Jh. den Besatzern als Stabsquartier diente. Die **Alte Fleischhalle** wird heute als Stadtbibliothek genutzt. Das Haus der Stadtwache lockert den Platz mit seinen hübschen Arkaden auf. Das Ensemble wird beherrscht vom Backsteinturm (13. Jh.) der **St.-Niklaaskerk** am Appelmarkt. Die **St.-Walburgakerk** hinter dem Rathaus blieb trotz jahrhundertelanger Bauzeit unvollendet. Nur der Chor mit Umgang und Kapellenkranz kann benutzt werden, der Portalbau steht als Symbol des Scheiterns nutzlos einige Meter seitab. Hier beginnt am letzten Sonntag im Juli die eindruckvolle Büßerprozession.

4 Karte Seite 85

Dienst voor Toerisme, Grote Markt 29, 8630 Veurne, Tel. 0 58/33 05 31, www.veurne.be

Entlang der Nordseeküste

An der Nordseeküste reihen sich über eine Länge von 67 km die Badeorte aneinander. Ein breiter Sandstrand, angenehme Temperaturen, unzählige Hotels, Pensionen, Campingplätze, Restaurants und Strandcafés, ein großes Freizeit- und Unterhaltungsangebot sowie ein Netz von Wanderwegen im breiten Dünengürtel machen aus diesem Streifen Land ein erholsames Feriengebiet.

Überlaufene Städtchen mit Hotelburgen wie **Blankenberge** und **Middelkerke** wechseln sich ab mit ruhigen Ferienorten mit hübschen Villen wie **Bredene, De Haan** und **Wenduine.** Attraktion von **De Panne** sind die Kitesurfer und Strandsegler.

Am Grote Markt in Veurne

11 Die Straßenbahn **Kusttram** fährt die gesamte Strecke von Oostende bzw. Knokke-Heist bis De Panne ab. Das sind immerhin 65 km. Nur knapp 5 € kostet die einfache Fahrt – immer an der Küste entlang, durchs bunte Zentrum von Oostende. durch Dünen und nostalgische Wohnquartiere, vorbei an 70 Haltestellen, Jachthäfen und Uferpromenaden. Meerblick inklusive!

Oostende 58

Oostende (wallon. *Ostende;* 71 500 Einw.) besitzt einen Fischerei-, Passagier- und Handelshafen. Fähren nach England legen hier ab. Am **Visserskaai** (Fisch- und Krabbenauktion) mit vielen Restaurants und Fischständen sind das **Nordsee-Aquarium** *(Noordzeeaquarium)* und der **Dreimaster Mercator** (Schifffahrtsmuseum) zu besichtigen. James Sydney Ensor (1860 bis 1949), einer der Wegbereiter des Expressionismus und Surrealismus, stammt aus Oostende und bewohnte das nach ihm benannte **James-Ensor-Haus** (Vlaanderenstraat 27).

Toerisme Oostende, Monacoplein 2, 8400 Oostende, Tel. 0 59/70 11 99, Fax 70 34 77 www.oostende.be

Vor allem im Frühjahr, wenn Tausende von Zugvögeln auf den Salzwiesen des Zwinreservats Halt machen, um ihre Nester zu bauen, lohnt sich für Naturfreunde ein Ausflug in den kargen Küstenstreifen (Führungen So und Do, jew. 10 Uhr)

Pacific, Hofstaat 11, Tel. 0 59/70 15 07, Fax 80 35 66, www.pacifichotel.com. Ein komfortables Hotel für alle, die ein ruhiges Haus in Zentrumsnähe suchen. ○○

Europe, Kapucijnenstraat 52, Tel. 0 59/70 10 12, Fax 80 99 79, www.europehotel.be. Ruhige Lage mitten in der Stadt. Promenade, Strand und Meer liegen in unmittelbarer Nähe. ○○

'T Molentje, Baron de Maerelaan 211, Zeebrugge, Tel. 54 61 64. Bevor man in den uniformen Strandlokalen landet, sollte man sich den Ausflug in dieses Gourmetrestaurant leisten: Seine kreative französische Küche wurde mit zwei Michelinsternen ausgezeichnet. ○○○

Knokke-Heist 59

Das mondäne Seebad (30 000 Einw.) mit dem von Magritte ausgemalten **Kasino** und einem Golfplatz besitzt mit ***Het Zwin** (125 ha) ein einzigartiges Vogelschutzgebiet. Von Mitte Juni bis Ende Juli findet alljährlich das internationale **Cartoonfestival** statt.

Die Windmühle von Damme

Dieenst voor Toerisme, Zeedijk-Knokke 660, 8300 Knokke-Heist, Tel. 0 50/63 03 80, Fax 63 03 90, www.knokke-heist.be.

Des Nations, Zeedijk 704, Tel. 0 50/61 99 11 Fax 61 99 99, www.hoteldesnations.be. Mondänes Jugendstilhotel mit Relaxcenter in prominenter Lage ○○○

Memlinc, Albertplein 23, Tel. 0 50/60 11 34, Fax 61 57 43, www.memlinc.be. Kinderservice und Gesundheitszentrum. Direkt am Meer. ○○

Damme 60

Die Stadt war einst Außenhafen für Brügge. Das gotische **Rathaus** am Bilderbuchmarktplatz und die gewaltige, zur Hälfte abgerissene **Onze-Lieve-Vrouwekerk** (13. Jh.) legen davon Zeugnis ab. Sehenswert ist das **Tijl Uilenspiegelmuseum.** Till Eulenspiegel, Volksheld im Kampf gegen die spanische Besatzung, ist nach der Legende in Damme geboren.

4 Karte Seite 85

Sint-Martens-Latem ⓰61

Der elegante Villenvorort (7600 Einw.) Gents liegt an der Leie (Bootsfahrten). In der zauberhaften Flusslandschaft mit einer dekorativen alten Windmühle (15. Jh.) gründeten der Bildhauer Georg Minne (1866–1941) und der Maler Constant Permeke (1886–1952) mit Künstlern aus dem Kreis der flämischen Expressionisten eine Künstlerkolonie. Einige ihrer Werke kann man in **Deinze** im Museum van Deinze en de Leiestreek besichtigen (L. Matthyslaan 3–5, tgl. 14–17, Sa/So auch 10 bis 12 Uhr; www.museumdeinze.be).

4 Karte Seite 85

*Oudenaarde 62

Tapisserien mit Landschaftsszenen in grünblauen Tönen aus Oudenaarde an der Schelde (frz. *Audenarde;* 27 000 Einw.), 334 km, sog. »Verduren«, waren vom 15. bis 17. Jh. in ganz Europa begehrt. Einige Prachtexemplare hängen im Rathaus. Noch heute spielt die Textilindustrie eine wichtige Rolle.

In die Geschichtsbücher ging die Stadt aber auch durch die Affäre Karls V. mit der Bürgertochter Jeanne van den Geenst im Jahr 1521 ein. Aus ihrer Verbindung stammte Margarethe von Parma, 1559–1568 die Statthalterin der Niederlande. Ihr Haus steht am Grote Markt neben dem **Balduinsturm** (11. Jh.), dem Mittelpunkt des historischen Stadtkerns.

Das alles beherrschende Bauwerk des Platzes ist das prächtige hochgotische ****Stadhuis** mit dem harmonisch in die Fassade eingefügten Belfried und dem vergoldeten Wahrzeichen der Stadt »Hanske 't Krijgerke« auf dem First. Den Ratssaal sollte man unbedingt besichtigen. An der Rückfront des Rathauses steht die ehemalige **Tuchhalle** (13. Jh.). Etwas abseits (westlich) des Grote Markt erhebt sich die spätgotische **St.-Walburgakerk,** deren nie vollendeter Turm das Stadtbild prägt. Auch hier liegt ein Beginenhof mit schlichter Kapelle. Am jenseitigen Flussufer ragt die Kirche **Onze-Lieve-Vrouw-van-Pamele,** ein Meisterwerk der Scheldegotik auf.

i **Dienst voor Toerisme,** Stadhuis, Markt, 9700 Oudenaarde, Tel. 0 55/31 72 51, Fax 30 92 48; www.oudenaarde.be

Ronse 63

Die Industriestadt (frz. *Renaix;* 26 000 Einw.) liegt im Hügelland der flämischen Ardennen. Die gotische **St.-Hermes-Kollegiaal** ist für wirkliche Freunde der Romanik einen Abstecher wert. Ihre romanische Krypta mit 32 Säulen, wirkt wie eine unterirdische Moschee,

Geraardsbergen 64

Das romantische Städtchen (frz. *Grammont;* 28 000 Einw.) liegt auf einem Hügel an der Dender, nahe der französischen Sprachgrenze und ist der letzte Punkt auf dieser Rundtour durch das »flache Land«.

Der Oudenberg ist alljährlich am letzten Sonntag im Februar Ausgangspunkt des **Krakelingenworp.** Während dieses Volksfestes werden zentnerweise Kekse in die Menge geworfen. Bei Einbruch der Dunkelheit entzündet man den *Tonnekenbrand*, ein Feuer in Tonnen. Beide Bräuche dürften auf heidnische Ursprünge zurückgehen. Am **Grote Markt** sehenswert sind die Bartholomäuskirche, das Rathaus (14. Jh.), das im 19. Jh. im Rokokostil renoviert wurde, sowie die älteste Plastik des »Manneken Pis«.

Karte Seite 95

*Luxemburg

Das kleine, starke Herz Europas

Wer ein paar Tage fernab vom täglichen Getriebe verbringen möchte und die ländliche Idylle liebt, aber nicht auf kulturelle Genüsse verzichten will, wer den Frieden einer Kleinstadt sucht, zugleich aber internationales Flair zu schätzen weiß – der sollte nach Luxemburg fahren. Das Land ist wie geschaffen für einen erlebnisreichen Kurzurlaub, den man mit Wandern, Bummeln und Schlendern gestalten kann.

Das Großherzogtum Luxemburg (2587 km^2; frz. *Grand Duché de Luxembourg)* erreicht mit etwa 400 000 Einwohnern die Größe einer mittleren Großstadt. Internationale Bedeutung gewann das kleinste Mitgliedsland der EU durch die in seiner Hauptstadt konzentrierten europäischen Institutionen und als Bankenzentrum. Zwischen dem romanischen und dem germanischen Kulturraum der Nachbarn Frankreich, Deutschland und Belgien hat Luxemburg als Vermittler seine Identität bewahrt. Dazu gehört auch die Sprache »Lëtzebürgesch«, ein moselfränkischer Dialekt. Dass dazu die Amtssprache Französisch, aber auch Deutsch ganz selbstverständlich benutzt werden, kennzeichnet die Luxemburger als gute Europäer.

**Luxemburg-Stadt

In Luxemburg (frz. *Luxembourg*), der Haupt- und Residenzstadt des Großherzogtums, lebt etwa ein Drittel der Bevölkerung des Landes (mit Vororten ca. 140 000 Einw.). Neben allen luxemburgischen Regierungs- und Verwaltungsorganen sind in der Stadt auch bedeutende EU-Behörden (u. a. der Rechnungshof, die Europäische Investitionsbank und der Europäische Gerichtshof) ansässig. Die große Zahl der in Luxemburg niedergelassenen ausländischen Banken ist ein weiterer Wirtschaftsfaktor der Stadt.

Geschichte

Bereits in kelto-romanischer Zeit begünstigte die strategisch hervorragende Lage die sporadische Besiedelung des Ortes, der spätestens seit dem Jahr 936 kontinuierlich bewohnt ist. Damals erwarb Graf Siegfried das Kastell Lucilinburhuc (später Lützelburg, »kleine Burg«), das an der Stelle des ehemaligen Fischmarkts *(Place du Marché)* stand, einem Kreuzungspunkt alter Römerstraßen.

Auf dem »Bock«, einem Felssporn über dem Tal der Alzette, ließ Siegfried die erste Burg errichten, die Ausgangspunkt der mittelalterlichen

Auf nach Europa

1948 gab Luxemburg seine Neutralität auf und entschied sich für eine aktive Rolle in der europäischen Integrationspolitik. 1949 wurde es Mitglied der NATO und verband sich mit den Niederlanden und Belgien zur Zoll- und Wirtschaftsunion »BeNeLux«. Das Land wurde 1951 Sitz der Montanunion und trat 1964 der EWG bei. 1966 folgte die Einweihung des Europäischen Zentrums, und 1995 war Luxemburg »Europäische Kulturhauptstadt«.

Karte Seite 95

Stadtentwicklung und Stammhaus der Grafen von Luxemburg wurde. Den Höhepunkt seiner Macht erlebte das Grafengeschlecht im 14. und 15. Jh., als es, inzwischen in den Herzogstand erhoben, vier deutsche Kaiser und Könige stellte. Mit dem Niedergang des Luxemburger Adelshauses begann eine lange Phase ständig wechselnder Fremdherrschaft. Immer standen militärstrategische Interessen im Vordergrund, so dass die Burg auf dem Bockfelsen ständig erweitert wurde und den Beinamen »Gibraltar des Nordens« erhielt. Obwohl Vauban, der Festungsbaumeister des Sonnenkönigs Louis XIV., sie hundert Jahre zuvor zu einem uneinnehmbaren Bollwerk ausgebaut hatte, mussten die Österreicher nach einer sieben Monate dauernden Hungerblockade (1795) vor den französischen Revolutionstruppen kapitulieren.

Seit 1839 souveräner Staat

Im Londoner Vertrag von 1839 wurde Luxemburgs staatliche Souveränität anerkannt, 1867 seine Neutralität garantiert und die Schleifung aller Befestigungswerke beschlossen. Erst jetzt konnte sich die nur 8000 Einwohner zählende Stadt in Ruhe zum Mittelpunkt des kleinen Landes entwickeln. Das Aufblühen der Stahlindustrie im Süden des Landes brachte Geld in die Hauptstadt. Neue Stadtviertel wurden angelegt. In beiden Weltkriegen besetzten deutsche Truppen Stadt und Land. Nach den Zerstörungen der Ardennenoffensive 1944–1945 begann nach Kriegsende der Wiederaufbau.

Sehenswürdigkeiten

Die Oberstadt innerhalb des alten Befestigungsrings wird im Süden und Westen von den Tälern der Pétrusse

Luxemburg-Stadt mit dem Eisenbahnviadukt in der Unterstadt

und Alzette, im Norden und Osten durch den Stadtpark begrenzt.

Place de la Constitution ❶

Als Ausgangspunkt des Stadtrundgangs eignet sich die zentral gelegene Place de la Constitution (Platz der Verfassung). Im Volksmund heißt der Platz »Gëlle Fra«, also »Goldene Frau«, was sich auf die Siegesgöttin an der Spitze des Ehrenmals für die luxemburgische Freiwilligenkompanie im Ersten Weltkrieg bezieht.

Am Platz liegt der Zugang zu den **Casemates de la Pétrusse.** Das unterirdische Befestigungssystem mit 54 Geschützständen, das einem Labyrinth von Gängen und Treppen ähnelt, wurde ab 1644 von den spanischen und österreichischen Besatzungstruppen in den Fels gesprengt (Ostern, Pfingsten und 1. Juli–31. Sept. tgl. 11 bis 16 Uhr; geführter Rundgang).

Bahnhofsviertel ❷

Der Blick in die Parkanlagen im Tal der Pétrusse, die über einen Treppenweg zu erreichen sind, wird vom Pont Adolphe (1900) und dem alten Viadukt (1859) mit seiner harmonischen Bogenarchitektur eingerahmt. Beide Brücken führen ins lebhafte Bahnhofsviertel mit seinen protzigen Verwaltungsbauten, wobei die Gründer-

Karte Seite 95

Nordeingang von Notre-Dame

zeitgebäude des Arbed-Stahlkonzerns und der Staatssparkasse, aber auch der Bahnhof mit seinem markanten Turm zu den architektonisch interessantesten gehören.

Cathédrale Notre-Dame ❸

Auffallendster Schmuck der einfachen Nordfassade der Liebfrauenkathedrale (17. Jh.), die in der engen Straße kaum Wirkung entfalten kann, ist das frühbarocke Eingangsportal. Zur barocken Innenausstattung gehört die reiche, mit maurischen Stilelementen durchsetzte Empore. Erst in den 1930er Jahren wurde der Südteil der Kirche angebaut. Dort befindet sich das Gnadenbild der Landespatronin »Trösterin der Betrübten« (Wallfahrt in der 3. und 4. Woche nach Ostern). Zwei Bronzelöwen weisen den Eingang zur Krypta der Großherzöge.

Neben der Kirche, im Gebäude des ehemaligen **Jesuitenkollegs ❹**, einem dreiflügeligen Renaissancebau, ist die Nationalbibliothek untergebracht.

Auf der anderen Seite steht das alte **Refugium der Trierer St.-Maximin-Abtei ❺**. Der mächtige Natursteinbau wurde 1751 erbaut und ist heute Sitz des Außenministeriums.

Zentrale Plätze

Die Einkaufsstraße Rue du Fosse führt zur **Place Guillaume II. ❻**, im Dialekt *Knuedeler* genannt. Das Wort bezeichnet den Knotengürtel der Franziskanermönche, deren Abtei bis zum 19. Jh. an diesem Platz stand. In der Platzmitte erhebt sich das Reiterstandbild Wilhelms II., der in Personalunion König der Niederlande und Großherzog von Luxemburg war. An der Südseite steht das klassizistische Rathaus. Ein kleiner, mit einem Fuchs bekrönter Brunnen erinnert an Michel Rodange, der Goethes zeitkritisches Epos »Reineke Fuchs« auf Luxemburger Verhältnisse übertrug.

Die Cathédrale Notre-Dame ist alljährlich nach Ostern Ziel von Pilgern

Durch eine Passage kommt man zur **Place d'Armes ❼** (Paradeplatz). Der von Straßencafés und Restaurants umgebene Platz ist Ort zahlreicher kultureller Veranstaltungen und das Zentrum des öffentlichen Lebens.

Östliches Zentrum

Das ***Palais Grand-Ducal ❽** (Großherzogliches Palais) von 1572 ist aus kunsthistorischer Sicht der vielleicht interessanteste Gebäudekomplex des Landes. Von besonderem Reiz ist die

Karte Seite 65

An der Place d'Armes

Postmoderne Architektur am Boulevard Royal

restaurierte Fassade, an der maurisch-spanische Arabesken eine fast exotische Wirkung entfalten.

Die Rue de la Boucherie endet am **Marché aux Poissons,** dem ehemaligen Fischmarkt und historischen Kern der Altstadt. Das nahe **Musée National d'Histoire et d'Art** ❾ zeigt eine umfassende Sammlung zur Geschichte und Kultur des Landes (Di–So 10 bis 17 Uhr; www.mnha.public.lu).

An der Stelle der Kirche **St.-Michel** (Michaelskirche) ❿ ließ Graf Siegfried 987 n. Chr. eine Hofkapelle errichten. Nach mehrmaliger Zerstörung erhielt sie im Zuge von Umbauten und Restaurierungsarbeiten ein Renaissanceportal. Der spätgotische Innenraum weist barocke Einrichtungsstücke auf, darunter auch die barocke Orgel.

Le Bock

Der Felsvorsprung mit der Ruine der ersten Grafenburg bietet eine schöne Aussicht auf das Tal der Alzette mit den Unterstädten Grund und Pfaffental. Die ***Casemates du Bock** wurden unter der österreichischen Kaiserin Maria Theresia Mitte des 18. Jhs. angelegt. Der halbstündige Spaziergang durch das Labyrinth der Felsengänge und Verteidigungsanlagen ist spannend (März–Okt. 10–17 Uhr).

***Chemin de la Corniche** ⓫. Von diesem Höhenweg bieten sich abwechslungsreiche Ausblicke ins Tal und auf das gegenüberliegende Plateau du Rham.

Außerhalb des Zentrums

Ins enge Tal gezwängt bilden die alten Häuser der Unterstädte **Grund** und **Pfaffental** ein gut erhaltenes architektonisches Ensemble, das in Teilen auf das 14. Jh. zurückgeht. Die Betriebsamkeit der Oberstadt weicht hier einer eher dörflichen Idylle. Am Abend ändert sich die Szenerie, denn die zahlreichen Kneipen im Ortsteil Grund erfreuen sich großer Beliebtheit.

Ein lohnendes Ziel für Spaziergänger ist auch der **Stadtpark** im Nordwesten der Oberstadt. Die Villa Vauban, ein Herrschaftshaus des 19. Jhs., steht an der Stelle des Fort Vauban und beherbergt das **Musée J.-P. Pescatore** ⓬, benannt nach dem gleichnamigen Bankier, der seine gesamte Gemäldesammlung flämischer und niederländischer Meister des 17. bis 19. Jhs. der Stadt vermachte (tgl. 14–18 Uhr).

Karte Seite 95

City Tourist Office, Place d'Armes, 2011 Luxembourg, Tel. 0 03 52/22 28 09, Fax 46 70 70, www.luxemburg-city.lu

Le Royal, 12, bd. Royal, Tel. 00352/2 41 61 61, Fax 22 59 48, www.leroyal.be. Fürstlich wohnen im Zentrum. ○○○

▮ **Domus,** 37, av. Monterey, Tel. 00352 4 67 87 81, Fax 46 78 79, www.domus.lu. Solide; 10 Min. zum Zentrum. ○○

▮ **Victor Hugo,** 2, av. Victor Hugo, Tel. 00352/2 62 733 80, www.victorhugo.lu Charmantes Haus am Lipertsberg ○○

Clairefontaine, 9, pl. de Clairefontaine, Tel. 46 22 11. Das Feinste, was Luxemburg kulinarisch zu bieten hat. ○○○

▮ **Via Sud,** 22/24, rue du Curé, Tel. 22 82 50. Ein kulinarischer Trip direkt in die Provence. ○○

▮ **Au Quai,** Gare Centrale, 1. Stock. In dieser gemütlichen Brasserie bekommt der Gast die beste Hausmannskost. ○○

Pâtisserie Oberweis, 19, Grand-rue, Spitzenkonditor.

▮ **Boutique Kookai,** 9-11, Grand-rue, junge französische Mode.

▮ **Frieden,** 4, rue des Capucins, Designermode für Frauen und Männer.

Durch die Geschichte Luxemburgs führt der **Wenzelrundgang**. Treffpunkt auf dem Bockfelsen: alljährlich von Ostern bis 31. Okt., Sa 15 Uhr. Info auf dem Bockfelsen.

1. Place de la Constitution
2. Bahnhofsviertel
3. Cathédrale Notre-Dame
4. Jesuitenkolleg
5. Refugium der Trierer St-Maximin-Abtei
6. Place Guillaume II
7. Place d'Armes
8. Palais Grand-Ducal
9. Musée National d'Histoire et d'Art
10. St-Michel
11. Chemin de la Corniche
12. Musée J.-P. Pescatore

Tour 5

Viel Genuss auf wenig Raum

Rundfahrt durch Luxemburg (196 km)

Ein verlängertes Wochenende in Luxemburg – weniger sollte man für einen ausführlichen Streifzug durch das Ländchen keinesfalls einplanen – kann zur reinen Genusstour werden. Die abwechslungsreiche Hügellandschaft, die wohlgefügten Dörfer und sauberen Städtchen, die hochrangigen Kunstschätze und nicht zuletzt die Köstlichkeiten aus Küche und Keller sorgen für einen kurzweiligen Aufenthalt.

5 Karte Seite 98

Die Landschaft des Ösling – ein etwa 500 m hohes, den Ardennen zugehöriges Hochplateau im nördlichen Landesteil – ist mit ihren tief eingeschnittenen Tälern der Flüsse Our, Clervé, Alzette und Wiltz, ihren Burgen und hübschen Kleinstädten der spektakulärste Teil Luxemburgs. Der mittlere und südliche Landesteil, das von den Flüssen Sauer und Mosel begrenzte Gutland, empfängt den Besucher mit mildem Klima und einer reizvollen, offenen Hügellandschaft, die an manchen Stellen noch immer die Wunden des Bergbaus zeigt.

Von Luxemburg aus führt die Tour auf der N 12 zunächst nach Norden.

Den Eintritt für 51 Attraktionen und freie Fahrt mit öffentlichen Verkehrsmitteln bietet die **Luxemburg-Card** ab 9 Euro pro Person. Familien bis zu 5 Personen zahlen 44 Euro für die 3-Tages-Karte.

Mersch (65)

Am Hauptplatz der Kleinstadt (6 500 Einw.) fällt der Michaelsturm mit seiner Zwiebelkrone ins Auge. Gegenüber steht das **Wasserschloss** aus dem 12. Jh., das mehrmals zerstört und immer wieder aufgebaut wurde. Reste der römischen Patriziervilla **Villa Marisea** mit Fußbodenheizung und einem monumentalen Wasserbecken sind in einem Gebäude in der Rue des Romains zu besichtigen.

*Bourscheid (67) und *Esch-sur-Sûre (68)

Von der imposanten **Burgruine Bourscheid** sind noch bedeutende Reste erhalten. Seit dem 11. Jh. beherrscht die Festung die Umgebung. Das Museum vermittelt Einblicke in die örtliche Baugeschichte. Herrlich ist der Blick von den mächtigen Mauern hinunter in die tiefen, dicht bewaldeten Täler.

Die Häuser des idyllischen Örtchens **Esch-sur-Sûre** (250 Einw.) verstecken sich hinter Hügeln in einer Schleife des Flusses Sûre.

Wiltz (69)

Kunstinteressierte sollten in der ehemaligen Gerberstadt (4000 Einw.) die spätgotische Hallenkirche mit romanischen Bauteilen im Ortsteil Niederwiltz besuchen. Auf der Freilichtbühne des **Barockschlosses Wiltz** finden internationale Festspiele statt (www.festivalwiltz.lu). Das **Musikmuseum** ist 200 Jahren Luxemburger Musikgeschichte gewidmet. Musée de la Musique, im Schloss; geöffnet nach Anmeldung unter siwiltz@pt.lu, Tel. 00352/95 74 44, Fax 95 75 56

Die spätgotische Hallenkirche in Wiltz

*Clervaux 70

Hauptanziehungspunkt in einem der wichtigsten Fremdenverkehrsorte des Landes ist das nach dem Zweiten Weltkrieg restaurierte **Schloss** (12. bis 17. Jh.). Die umfangreichen Wehrbauten verleihen der Gesamtanlage ein geschlossenes Aussehen.

In den Räumen der Burg sind drei ständige Ausstellungen zu besichtigen: eine zeigt Modelle zu den Burgen des Landes, eine weitere ist der Ardennenschlacht gewidmet, zum dritten wird die legendäre Fotosammlung »The Family of Man«, (im Register der dokumentarischen Sammlungen der UNESCO) gezeigt.

Die schlichte neoromanische, nach dem Zweiten Weltkrieg wieder errichtete Klosterkirche der Benediktinerabtei **St.-Maurice et St.-Maur** birgt als wertvollstes Ausstattungsstück am Eingang eine Pietà aus dem 15. Jh.

Eine Spezialität von Clervaux ist der **Kaffee** aus der Rösterei der Abtei.

Das Schloss von Clervaux

Vianden 71

Der Ort (1 500 Einw.) gehört mit seiner 1000 Jahre alten ***Burganlage** zu den bekanntesten Reisezielen. Sie wurde sorgfältig restauriert. Die Besichtigung der einzelnen Gebäudeteile – der Burgkapelle (12. Jh.), des Kleinen Palas mit dem Byzantinischen Saal und des Großen Palas mit dem Ritter- bzw. Grafensaal – ist ein lohnendes Erlebnis (April–Sept. tgl. 10–18 Uhr, sonst 10–16 Uhr).

Im historischen Ortskern sind die gotische **Eglise des Trinitaires** mit schönem Kreuzgang und barockem Hochaltar, das **Volkskundemuseum** und das literarische **Victor-Hugo-Museum** sehenswert. Der Romancier verbrachte während seines Exils 1871 mehrere Wochen in der Stadt.

i **Tourist Info,** rue du vieux Marché, L–9419, Vianden,
Tel. 03 52/83 42 57,
www.tourist-info-vianden.lu

*Luxemburger Schweiz

Die Fahrt durch das untere Tal der Sûre ist gekennzeichnet vom raschen Wechsel der Landschaft. Die weiten

5 Karte Seite 98

Acker- und Wiesenflächen werden im Luxemburger Sandsteinplateau von einer immer enger werdenden Tallandschaft abgelöst. In dieser waldreichen Gegend, die von einem dichten Netz von Wanderwegen durchzogen ist, haben die Bäche sich tief eingeschnitten und bizarre Felsgebilde, Schluchten und Höhlen geschaffen, die der Gegend ihren Namen einbrachten.

*Mullerthal

Lohnend ist die bei **Dillingen** ⑫ beginnende Fahrt ins Mullerthal, das über die Ortschaften **Beaufort** mit der sehenswerter Schlossruine, über **Haller** sowie **Waldbillig** zu erreichen ist. Die Radwege entlang Sûre, Sims und Mosel bieten, ebenso wie der Blick auf den Schießentümpel, eine künstlich angelegte Kaskade, ein Erlebnis.

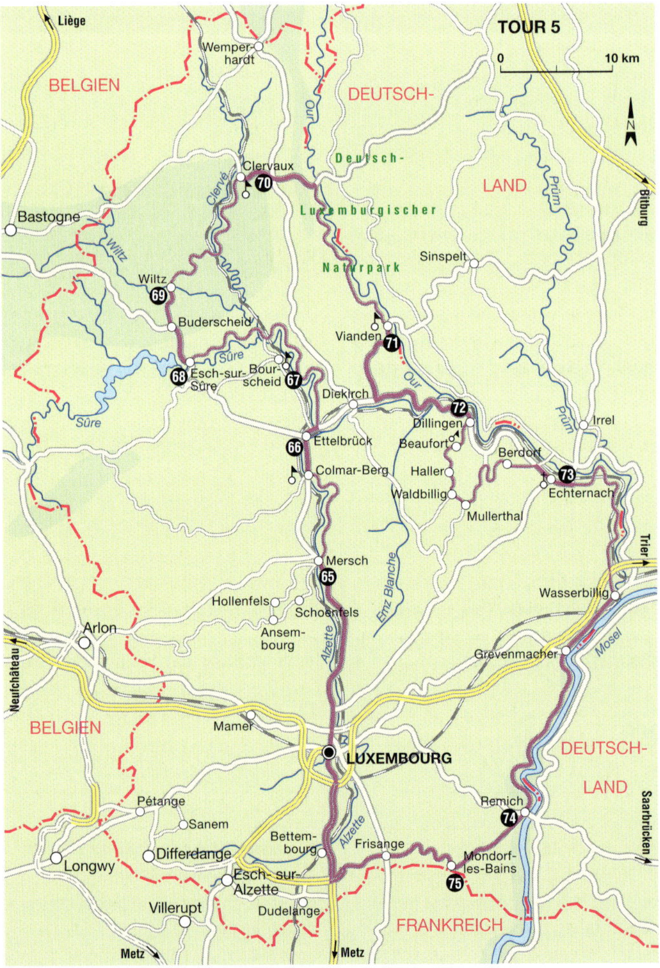

5 Karte Seite 98

*Echternach 73

Zeugnisse einer langen, religiös geprägten Vergangenheit haben das Städtchen Echternach (4400 Einw.) bekannt gemacht. Am südlichen Ortsrand kann man Reste eines der größten antiken **Gutshäuser** Galliens mit Badeanlagen, Säulenhallen und Mosaikböden besichtigen.

Mit der Gründung einer **Benediktinerabtei** durch den hl. Willibrord im 7. Jh. begann die Entwicklung Echternachs zu einem Zentrum religiöser Kunst. Im 10. und 11. Jh. genoss die Echternacher Buchmalerschule hohes Ansehen. Beispiele dieser Kunst kann man im Museum der Buchmalerei im Untergeschoss der Abtei betrachten. Mittelpunkt der mächtigen Klosteranlage ist die viertürmige ***Willibrordusbasilika** (St-Willibrord). Mehrmals zerstört, um- und rückgebaut, entspricht ihr Äußeres wieder ihrem Aussehen im 11. Jh. Vom karolingischen Vorläuferbau (8. Jh.) existiert noch die gut erhaltene Krypta.

Echternach wurde in der Ardennenoffensive (1944–1945) stark zerstört, präsentiert jedoch im Ortskern wieder ein gut restauriertes Gebäudeensemble. Dazu gehören der gotische **Dingstuhl** *(Denzelt)*, ehemals Sitz des Schöffengerichts, und das alte **Rathaus** »Unter den Arkaden«, die zusammen die Nordwestseite des schönen Marktplatzes bilden.

Bureau de Tourisme, Parvis de la Basilique, 6486 Echternach, Tel. 0 03 52/72 02 30, Fax 72 75 24, www.echternach.lu.

Eden au Lac, Am Nonnesees, Tel. 0 03 52/72 82 83, Fax 72 81 44, www.edenaulac.lu. Komfortabel, zum Entspannen am Echternacher See. Winter geschl. ❍❍

Bon Accueil, 3–5, rue des Merciers, Tel./Fax 0 03 52/7 20 52. Ruhige Unterkunft mitten in der Stadt. ❍

Hostellerie de la Basilique, 7, pl. du Marché, Tel. 0 03 52/72 94 83. Stimmungsvolles Restaurant am Marktplatz. Meeresfrüchte und Fisch. ❍❍

La Bergerie, 6251 Geyershof, Tel. 0 03 52/79 04 64. Vielfach ausgezeichnete Spitzengastronomie; Wildspezialitäten im Herbst. ❍❍❍

Mit der **Springprozession** erinnern Pilger am Pfingstdienstag an den hl. Willibrord, durch dessen Fürbitte das Land im 13. Jh. von einer Veitstanz-Epidemie befreit wurde.

Entlang der Mosel

Die Tour verläuft weiter durch das untere Tal der Sûre nach **Wasserbillig**, wo auf Sûre und Mosel Bootsfahrten angeboten werden.

Das Zentrum der luxemburgischen Weinbauregion ist die ehemalige Festungsstadt **Grevenmacher** (3300 Einw.) mit ihrem wehrhaften Kirchturm aus dem 13. Jh. Unter römischer Herrschaft hatte sich **Remich** 74 (2650 Einw.) als *Remacum* einen Namen als Winzerstadt gemacht. Im Mittelalter war es Sitz einer Vogtei, im 19. Jh. lebte man von der Fischerei und nun vom Tourismus. Der einzige Kurort Luxemburgs, **Mondorf les Bains** 75 (2000 Einw.), fasziniert durch seine reizvolle Lage. Dem Gast wird ein vielseitiges Wellness-Programm geboten.

Léa Linster, 17, rue de Luxembourg, Frisange, Tel. 00352/23 66 84 11. Bei der Grande Dame der Luxemburger Küchengötter isst man bodenständig delikat. ❍❍❍

5 Karte Seite 98

Infos von A–Z

Ärztliche Versorgung

Zwischen Deutschland, Belgien und Luxemburg besteht zwar ein Sozialversicherungsabkommen, jedoch ist der Versicherungsschutz durch die gesetzlichen Krankenkassen dadurch nicht eindeutig gewährleistet. Für alle Fälle sollte man sich von der Krankenkasse einen Auslandskrankenschein besorgen. Wird dieser aber vom Arzt nicht akzeptiert, muss die Behandlung an Ort und Stelle bezahlt werden. Die deutschen Krankenkassen erstatten den Betrag bzw. einen Teil davon nach der Rückkehr, sofern der behandelnde Arzt den so genannten E-Schein ausgefüllt hat, den man bei der Krankenkasse erhält. Um für alle Eventualitäten gerüstet zu sein, empfiehlt sich der Abschluss einer privaten Zusatzreiseversicherung.

Behinderte

Öffentliche Einrichtungen sind für Behinderte nicht immer problemlos erreichbar. In den Hotelverzeichnissen ist für jedes Hotel angegeben, ob die Unterkunft für Rollstuhlfahrer zugänglich ist. Man sollte vor der Buchung sicher stellen, dass auch behindertengerechte Toiletten sowie andere zweckmäßige Einrichtungen vorhanden sind.

Diplomatische Vertretungen

Botschaft der Bundesrepublik Deutschland

▮ 190, av. de Tervuren, 1150 Bruxelles, Tel. 02/770 58 30

▮ **Botschaft der Republik Österreich**
5, place du Champs de Mars, 1050 Bruxelles, Tel. 02/289 07 00.

▮ **Botschaft der Schweiz**
26, rue de la Loi, 1040 Bruxelles, Tel. 02/285 43 50.

Ein- und Ausreise

Obwohl EU-Bürger keiner Grenzkontrolle mehr unterliegen, sollte man den Ausweis mitnehmen. Schweizer benötigen einen Personalausweis oder den Reisepass. Kinder unter 16 Jahren brauchen einen Kinderpass oder müssen im Elternpass eingetragen sein.

Feiertage

1. Januar, Ostermontag, 1. Mai, Christi Himmelfahrt, Pfingstmontag, 23. Juni (Nationalfeiertag in Luxemburg), 21. Juli (Nationalfeiertag in Belgien), 15. August (Mariä Himmelfahrt), erster Montag im September (nur in Luxemburg), 1. November (Allerheiligen), 11. November (Waffenstillstandstag 1918, nur in Belgien), 25. und 26. Dezember. Fällt einer dieser Feiertage auf einen Sonntag, gilt der nächste Tag als gesetzlicher Feiertag.

Geld

Die Währungseinheit Belgiens und Luxemburgs ist die europäische Gemeinschaftswährung Euro (€). 1€ enspricht 1,54 CHF (Stand: Dez. 2004).

Haustiere

Mitreisende Haustiere müssen EU-weit mit Mikrochip, übergangsweise bis 2011 durch Tätowierung gekennzeichnet sein. Ein Heimtierpass muss für sie mitgeführt werden.

Information

▮ **Belgien-Tourismus Brüssel – Wallonie – Ardennen:** Cäcilienstr. 46, 50667 Köln, Tel. 02 21/27 75 90, Fax 02 21/2 77 59-100 und 2 70 97-77, www.belgien-tourismus.de, www.brusselsinternational.be, www.ardennen-bruessel.de, www.flandern.com
Das deutsche Büro des überregionalen Verkehrsamtes verschickt Pro-

spektmaterial und hilft bei Fragen zum gewünschten Urlaubsziel.

- **Tourismuswerbung Flandern Brüssel,** Mariahilferstr. 121b/6st., Wien, Tel. 0043/1/5 96 06 60.
- **Luxemburger Verkehrsamt,** Bismarckstr. 23–27, 41061 Mönchengladbach, Tel. 00 49/(0)21 61/20 88 88, www.ont.lu

Verkehrsämter der Provinzen

- **Antwerpen**: Koningin Elisabethlei 16, 2018 Antwerpen,Tel. 03/240 63 98
- **Ostflandern**: Woodrow Wilsonplein 3, 9000 Gent, Tel. 09/267 70 20.
- **Westflandern**: Kasteel Tillegem, 8200 St.-Michiels, Tel. 0 50/38 02 96, Fax 38 02 92, www.flandern.com.
- **Provinz Wallonisch Brabant**: 2, av. Einstein, 1300 Wavre, Tel. 010/ 23 63 31, www.brbantwallon.be
- **Provinz Hennegau**: 31, rue de Clercs 7000 Mons, Tel. 065/36 04 64, www.hainaut.be
- **Provinz Lüttich**: 77, blvd. de la Sauvenière, 4000 Liège, Tel. 04/237 92 92, www.ftpl.be
- **Provinz Luxemburg**: 9, quai de l'Ourthe, 6980 La Roche-en-Ardenne, Tel. 084/41 10 11, www.ftlb.be
- **Provinz Namur**: 22, av. Reine Astrid, 5000 Namur, Tel. 081/74 99 00, www.ftpn.be
- **Ostkantone**: Mühlbachstrasse 2, 4780 St. Vith, Tel. 080/22 76 64, www.eastbelgium.com
- **T.I.B.** Informationsamt Brüssel, Hotel de Ville, Grand-Place, 1000 Bruxelles, Tel. 02/513 89 40, Fax 514 45 38, www.brusselsinternational.be
- **Belgium Tourist Reservations,** Anspachlaan 111, 1000 Bruxelles. Reservierungszentrale Tel. 0 50/ 38 02 96, Fax 38 02 92, btr@horeca.be
- **OPT Office de Promotion du Tourisme Wallonie-Bruxelles**, 63, rue Marché aux Herbes, 1000 Bruxelles, Tel. 02/504 03 90, Fax 504 02 70.

Internet

Internet-Zugänge, in der Regel gegen eine geringe Gebühr, gibt es in vielen Hotels, in allen Jugendherbergen sowie in öffentlichen Bibliotheken. Internet-Cafes bieten ihre Dienste in jedem größeren Ort an.

Notruf

Notarzt und Feuerwehr: Tel. 112.
Polizei: Tel. 101.

Öffnungszeiten

- **Banken:** Mo–Fr 9–16 Uhr.
- **Post:** Mo–Fr 9–17 Uhr, Sa 9–12 Uhr.
- **Geschäfte:** Mo–Sa 9–19 Uhr. Bäckereien und Metzgereien haben oft auch Sonntag vormittags geöffnet.
- **Museen:** Am Mo sowie mittags zwischen 12 und 14 Uhr geschl.

Telefon

Telefonkarten (Telecartes) der Belgacom gibt es für 5 und 25 € an jedem Kiosk sowie an Automaten und im Zeitschriftenhandel.

- **Vorwahlen:** Deutschland 00 49, Österreich 00 43, Schweiz 00 41. Belgien: 00 32.
- **Handy:** Über Roaming bieten alle Netzbetreiber automatisch Zugang zu den Angeboten ihrer belgischen Partner. Prepaid-Karten lohnen sich nur, wenn man öfter in Belgien ist. Tarifinfo unter www.teltarif.de/mobilfunk

Zoll

Für EU-Bürger gelten bei Waren für den persönlichen Bedarf keine Einfuhrbeschränkungen. 800 Zigaretten und 10 l Spirituosen pro Person ab 15 bzw. 17 Jahren kann man mitnehmen. Schweizer Waren bis zu einem Gesamtwert von 300 CHF und zusätzlich 200 Zigaretten oder 50 Zigarren oder 250 g Tabak, 1 l Spirituosen über oder 2 l unter 15° Alkoholgehalt und 2 l Wein dürfen Schweizer ausführen.

Langenscheidt Mini-Dolmetscher

Allgemeines

Guten Tag.	Bonjour. [bõ**sehur**]
Hallo!	Salut! [ßa**lü**]
Wie geht's?	Ça va? [ßa **wa**]
Danke, gut.	Bien, merci. [bjẽ mär**ßi**]
Ich heiße ...	Je m'appelle ... [sehö ma**päll**]
Auf Wiedersehen.	Au revoir. [o rö**woar**]
Morgen	matin [ma**tẽ**]
Nachmittag	après-midi [aprämi**di**]
Abend	soir [ßoar]
Nacht	nuit [nüi]
morgen	demain [dö**mẽ**]
heute	aujourd'hui [osehur**düi**]
gestern	hier [jär]
Sprechen Sie Deutsch?	Parlez-vous allemand? [par**le** wu al**mã**]
Wie bitte?	Pardon? [par**dõ**]
Ich verstehe nicht.	Je ne comprends pas. [sehö nö kõ**prã** pa]
Sagen Sie es bitte nochmals.	Pourriez-vous répéter, s'il vous plaît? [pur**je** wu repe**te** ßil wu **plä**]
..., bitte.	..., s'il vous plaît. [ßil wu **plä**]
danke	merci [mär**ßi**]
Keine Ursache.	De rien. [dö **rjẽ**]
was / wer / welcher	quoi / qui / quel [koa / ki / käll]
wo / wohin	où [u]
wie / wie viel	comment / combien [ko**mã** / kõ**bjẽ**]
wann / wie lange	quand / combien de temps [kã / kõ**bjẽ** dö **tã**]
warum	pourquoi [pur**koa**]
Wie heißt das?	Comment ça s'appelle? [ko**mã** ßa ßa**päll**]
Wo ist ...?	Où est ...? [u ä]
Können Sie mir helfen?	Pouvez-vous m'aider? [pu**we** wu mä**de**]
ja	oui [ui]
nein	non [nõ]
Entschuldigen Sie.	Excusez-moi. [äksk**üse moa**]
Das macht nichts.	Ça ne fait rien. [ßa nö fä **rjẽ**]

Sightseeing

Gibt es hier eine Touristen-information?	Est-ce qu'il y a une information touristique ici? [äskil**ja** ün ẽforma**ßjõ** turis**tik** i**ßi**]
Haben Sie einen Stadtplan / ein Hotelverzeichnis?	Avez-vous un plan de la ville / une liste des hôtels? [a**we** wus ẽ plã dö la wil / ün list des‿o**täll**]
Wann ist das Museum / die Kirche / die Ausstellung geöffnet?	Quelles sont les heures d'ouverture du musée / de l'église / de l'exposition? [käl ßõ les‿ör duwär**tür** dü mü**se** / dö le**glihs** / dö läksposi**ßjõ**]
geschlossen	fermé [fär**me**]

Shopping

Wo gibt es ...?	Où est-ce qu'il y a ...? [u äskil**ja**]
Wie viel kostet das?	Ça coûte combien? [ßa kut kõ**bjẽ**]
Das ist zu teuer.	C'est trop cher. [ßä tro **schär**]
Das gefällt mir. / Das gefällt mir nicht.	Ça me plaît. / Ça ne me plaît pas. [ßa mö **plä** / ßa nö mö plä **pa**]
Gibt es das in einer anderen Farbe / Größe?	Ça existe dans une autre couleur / taille? [ßa äk**sist** dãs‿ün **o**trö ku**lör** / taj]
Ich nehme es.	Je le prends. [sehö lö prã]
Wo gibt es hier eine Bank?	Où est-ce qu'il y a une banque ici? [u äskil**ja** ün bãk i**ßi**]
Ich suche einen Geldautomaten.	Je cherche un guichet automatique. [sehö schärsch ẽ gi**schä** otoma**tik**]
Geben Sie mir 100 g Käse / zwei Kilo Pfirsiche.	Donnez-moi cent grammes de fromage / deux kilos de pêches. [do**ne moa** ßã gram dö fro**maseh** / döh ki**lo** dö päsch]
Haben Sie deutsche Zeitungen?	Avez-vous des journaux allemands? [a**we** wus de sehur**no** al**mã**]
Wo kann ich telefonieren / eine Telefonkarte kaufen?	Où est-ce que je peux téléphoner / acheter une télécarte? [u äskö sehö pöh telefo**ne** / asch**te** ün tele**kart**]

Notfälle

Ich brauche einen Arzt / Zahnarzt.	J'ai besoin d'un médecin / dentiste. [sehe bösoẽ dẽ med**sẽ** / dã**tist**]
Rufen Sie bitte einen Krankenwagen / die Polizei.	Appelez une ambulance / la police, s'il vous plaît. [ap**le** ün ãbü**lãs** / la po**lis** ßil wu **plä**]

Wir hatten einen Unfall.	On a eu un accident. [õ‿na ü ẽn‿akßi**dã**]
Wo ist das nächste Polizeirevier?	Où est le poste de police le plus proche? [u ä lö post dö po**lis** lö plü **prosch**]
Ich bin bestohlen worden.	On m'a volé. [õ‿ma wo**le**]
Mein Auto ist aufgebrochen worden.	On a fracturé ma voiture. [õn‿a fraktü**re** ma woa**tür**]

Essen und Trinken

Die Speisekarte, bitte.	La carte, s'il vous plaît. [la **kart** ßil wu **plä**]
Brot	pain [pẽ]
Kaffee	café [ka**fe**]
Tee	thé [te]
mit Milch / Zucker	au lait / sucre [o lä / **ßü**krə]
Orangensaft	jus d'orange [~~sch~~ü do**rã~~sch~~**]
Suppe	soupe [ßup]
Fisch / Meeresfrüchte	poisson / fruits de mer [poa**ssõ** / früi dö **mär**]
Fleisch / Geflügel	viande / volaille [wjãd / wo**laj**]
Beilage	garniture [garni**tür**]
vegetarische Gerichte	cuisine végétarienne [küi**sin** we~~sch~~etar**jänn**]
Eier	œufs [öh]
Salat	salade [ßa**lad**]
Dessert	dessert [de**ssär**]
Obst	fruits [früi]
Eis	glace [glass]
Wein	vin [wẽ]
weiß / rot / rosé	blanc / rouge / rosé [blã / ru~~sch~~ / ro**se**]
Bier	bière [bjär]
Aperitif	apéritif [aperi**tif**]
Wasser	eau [o]
Mineralwasser	eau minérale [o mine**ral**]
mit / ohne Kohlensäure	gazeuse / non gazeuse [ga**sös** / nõ ga**sös**]
Limonade	limonade [limo**nad**]
Frühstück	petit déjeuner [pöti de~~sch~~**öne**]
Mittagessen	déjeuner [de~~sch~~**öne**]
Abendessen	dîner [di**ne**]
eine Kleinigkeit	un petit quelque chose [ẽ pöti källkə **schohs**]
Ich möchte bezahlen.	L'addition, s'il vous plaît. [ladi**ßjõ** ßil wu **plä**]
Es war sehr gut. / Es war nicht so gut.	C'était très bon. / Ce n'était pas si bon. [ße**tä** trä **bõ** / ßö ne**tä** pa ßi **bõ**]

Im Hotel

Ich suche ein gutes Hotel / ein nicht zu teures Hotel.	Je cherche un bon hôtel / un hôtel pas trop cher. [~~sch~~ö schärsch ẽ bõn‿o**täll** / ẽn‿o**täll** pa tro **schär**]
Ich habe ein Zimmer reserviert.	J'ai réservé une chambre. [~~sch~~e resär**we** ün **schãbr**]
Ich suche ein Zimmer für ... Personen.	Je cherche une chambre pour ... personnes. [~~sch~~ö schärsch ün schãbr pur ... pär**ßonn**]
Mit Dusche und Toilette.	Avec douche et toilette. [a**wäk** dusch e toa**lätt**]
Mit Balkon / Blick aufs Meer.	Avec balcon / vue sur la mer. [a**wäk** bal**kõ** / wü ßür la **mär**]
Wie viel kostet das Zimmer pro Nacht?	Quel est le prix de la chambre par nuit? [käll‿ä lö pri dö la **schãbr** par **nüi**]
Mit Frühstück?	Avec petit déjeuner? [a**wäk** pöti de~~sch~~**öne**]
Kann ich das Zimmer sehen?	Est-ce que je peux voir la chambre? [äskö ~~sch~~ö pöh **woar** la **schãbr**]
Haben Sie ein anderes Zimmer?	Est-ce que vous avez une autre chambre? [**äs**kö wus‿a**we** ün otrə **schãbr**]
Das Zimmer gefällt mir / gefällt mir nicht.	La chambre me plaît / ne me plaît pas. [la schãbr mö **plä** / nö mö plä **pa**]
Kann ich mit Kreditkarte bezahlen?	Est-ce que je peux payer avec une carte de crédit? [**äs**kö ~~sch~~ö pöh pä**je** a**wäk** ün kart dö kre**di**]
Wo kann ich parken?	Où est-ce que je peux laisser ma voiture? [u **äs**kö ~~sch~~ö pöh lä**sse** ma woa**tür**]
Können Sie das Gepäck in mein Zimmer bringen?	Pourriez-vous apporter mes bagages dans la chambre? [pur**je** wu apor**te** me ba**ga~~sch~~** dã la **schãbr**]
Haben Sie einen Platz für ein Zelt / einen Wohnwagen / ein Wohnmobil?	Vous avez de la place pour une tente / une caravane / un camping-car? [wus‿a**we** dö la plass pur ün **tãt** / ün kara**wan** / ẽ kãping**kar**]
Wir brauchen Strom / Wasser.	On a besoin de courant / d'eau. [õn‿a bö**soẽ** dö ku**rã** / **do**]

Orts- und Sachregister

Personenregister

Das System der POLYGLOTT-Sterne

Auf Ihrer Tour weisen Ihnen die Polyglott-Sterne den Weg zu den bedeutendsten Sehenswürdigkeiten aus Natur und Kultur. Für die Vergabe orientieren sich Autoren und Redaktion am UNESCO Welterbe.

***** eine Reise wert** **** einen Umweg wert** *** sehr sehenswert**

Die Autorinnen

Margarete Graf

studierte Anglistik und Slawistik. Zahlreiche Buchpublikationen und Zeitschriftenartikel, vor allem zu den Themen Wandern und Radfahren in Österreich und Belgien, sind von ihr auf dem Markt.

Christine Rettenmeier

Die Diplom-Journalistin ist als freie Reisejournalistin und Reiseleiterin tätig. Orte, die sie immer wieder aufsucht, sind vor allem ihre Lieblingsstädte Brüssel und Antwerpen.

Urlaubskasse

Tasse Kaffee	2,20 €
Softdrink	2,20 €
Glas Bier	1,90 bis 2,50 €
Portion Pommes (inkl. Soße)	2,50 €
Kugel Eis	0,60 €
Taxifahrt (Kurzstrecke)	ca. 15 €
Mietwagen/Tag	ca. 57 €
1 l Superbenzin	1,15 €

Polyglott im Internet: www.polyglott.de,
im travelchannel unter www.travelchannel.de

Alle Informationen stammen aus zuverlässigen Quellen und wurden sorgfältig geprüft. Für ihre Vollständigkeit und Richtigkeit können wir jedoch keine Haftung übernehmen.
Ergänzende Anregungen bitten wir zu richten an:
Polyglott Verlag, Redaktion, Postfach 40 11 20, 80711 München.
E-Mail: redaktion@polyglott.de

Impressum

Herausgeber: Polyglott-Redaktion
Autorin: Margarete Graf
Lektorat: Susanne Feess
Autorin Special und Bearbeitung: Christine Rettenmeier
Layout: Ute Weber, Geretsried
Satz Special: Ute Weber, Geretsried
Karten und Pläne: Huber.Kartographie, Polyglott-Kartografie
Satz: Schulz Bild + Text, Dagebüll

Erste Auflage 2005/2006

Printed in Germany
ISBN 3-493-56713-8
Dieses Buch wurde auf chlorfrei gebleichtem Papier gedruckt.

Infos zu Städten und Touren

**Brüssel

Dauer: 2–3 Tage

Highlights: Vielfenstrige Fassaden an der **Grand' Place, Manneken Pis, Besuch seiner Kostüme im *Stadtmuseum, Jugendstilbauten der Architekten Horta und Hankar, überdachte Geschäftsstraße *Galeries St-Hubert, Orleys *Fenster in der *Cathedrale St-Michel, Sammlung der **Musées des Beaux-Arts, monumentaler *Palais de Justice, *Atomium, Pralinenauswahl der Confiserie Neuhaus

**Antwerpen

Dauer: 2 Tage

Highlights: Rundblick von der Aussichtsplattform beim Steen, Hauptaltar und Schnitzereien in der *St.-Pauluskerk, prächtige Fassade der barocken *St.-Carolus-Borromeuskerk mit Rubenskapelle, Kunstwerke im *Rubenshaus, Besuch des neuen *Diamantenmuseums, Rubens Werke in der **Onze-Lieve-Vrouwekatedraal, Museumsbesuche, Vogelmarkt

Brügge

Dauer: 1–2 Tage

Highlights: *Grote Markt, *Belfried, Originale im Museum Arentshuis, Gebäude am Burgplatz, Sammlung im *Groeninge-Museum, Privatkapelle des *Gruuthusepalais, Kunstschätze der *Onze-Lieve-Vrouwekirk, altes Sint-Jans-Spital, Grachtenrundfahrt

Gent

Dauer: 1–2 Tage

Highlights: **Flügelaltar und ***Kirchenschatz in der *Sint-Baafskathedraal, Renaissance-*Stadthaus, Blick auf die *Giebelhäuser der Zünfte an der Kornlei, *Festung s'Gravensteen

Lüttich

Dauer: 1–2 Tage

Highlights: *Stadt-Palais des Princes-Evêques und seine Innenhöfe, Pracht im Musée d'Ansembourg, Atmosphäre beim Flohmarkt, **Taufbecken in St.Barthélémy, reicher **Kirchenschatz der Cathédrale St-Paul